高等职业教育新能源汽车类专业教材

XINNENGYUAN QICHE
DIANXUE JICHU YU GAOYA ANQUAN

# 新能源汽车电学基础与高压安全

宋广辉 马瑞兰 苗润路 主 编

人民交通出版社
北京

## 内 容 提 要

本书是高等职业教育新能源汽车类专业教材。主要内容包括新能源汽车电路基础知识、新能源汽车检测工具的认知与使用、新能源汽车高压安全与触电急救、新能源汽车高压部件及线束的识别、新能源汽车高压安全防护、安全操作要求及规范,6个项目14个学习任务。

本书可作为新能源汽车技术及相关专业的教学用书,也可作为新能源汽车相关专业技能等级考试用书,还可作为从事新能源汽车整车及零部件装调、质量检验、生产现场管理、辅助研发和新能源汽车维修与服务等工作的高素质技术技能人才的培训用书。

### 图书在版编目(CIP)数据

新能源汽车电学基础与高压安全/宋广辉,马瑞兰,苗润路主编.—北京:人民交通出版社股份有限公司,2024.3

ISBN 978-7-114-19292-0

Ⅰ.①新…  Ⅱ.①宋…②马…③苗…  Ⅲ.①新能源—汽车—电气设备—高等职业教育—教材 ②新能源—汽车—高电压—安全技术—高等职业教育—教材  Ⅳ.①U469.7

中国国家版本馆 CIP 数据核字(2024)第 040573 号

| | |
|---|---|
| 书　　名: | 新能源汽车电学基础与高压安全 |
| 著 作 者: | 宋广辉　马瑞兰　苗润路 |
| 责任编辑: | 时　旭 |
| 责任校对: | 刘　芹 |
| 责任印制: | 刘高彤 |
| 出版发行: | 人民交通出版社 |
| 地　　址: | (100011)北京市朝阳区安定门外外馆斜街 3 号 |
| 网　　址: | http://www.ccpcl.com.cn |
| 销售电话: | (010)59757973 |
| 总 经 销: | 人民交通出版社发行部 |
| 经　　销: | 各地新华书店 |
| 印　　刷: | 北京市密东印刷有限公司 |
| 开　　本: | 787×1092　1/16 |
| 印　　张: | 10 |
| 字　　数: | 226 千 |
| 版　　次: | 2024 年 3 月　第 1 版 |
| 印　　次: | 2024 年 3 月　第 1 次印刷 |
| 书　　号: | ISBN 978-7-114-19292-0 |
| 定　　价: | 33.00 元 |

(有印刷、装订质量问题的图书,由本社负责调换)

## Preface 前言

为贯彻落实《交通强国建设纲要》相关领域的目标任务，根据《交通运输部关于开展交通强国建设试点工作的通知》（交规划函〔2019〕859号），经交通运输部批复，人民交通出版传媒管理有限公司主持开展"交通职业教育核心课程教学资源优化"交通强国建设试点任务。"交通职业教育核心课程教学资源优化"旨在贯彻落实《交通强国建设纲要》精神和国家职业教育教学改革精神，深化产教融合，整合人民交通出版传媒管理有限公司和相关院校既有优势，遴选建成一批更加适应现代交通职业教育教学需求、体现行业发展和时代特点的高质量创新性教材和数字化教学资源，助力构建高质量教育体系，为培养素质优良的知识型、技能型、创新型劳动者提供坚实的支撑。

本套高等职业教育新能源汽车类专业教材为遴选后的优质教材，其聚焦核心课程，贯彻国家职业教育教学改革精神，深化产教融合、校企合作，体现课程思政，融通"岗课赛证"，以真实生产项目、典型工作任务、案例等为载体组织教学单元，教学设计完整、恰当，内容深入浅出、图文并茂，为纸数融合的新形态教材。

本书包括6个项目，14个工作任务，编写中主要涉及车型为全国技能大赛典型车型——比亚迪秦EV。全书以教育部《高等职业学校专业教学标准》及全国职业院校技能大赛标准、"1+X"新能源汽车装调与测试职业技能等级证书考核标准，有效融入电动汽车维修《特种作业操作证》低压电工作业证的考核内容，打破传统知识体系，以"必须、够用"为原则，成功的将理论与实践相互融合，体现"学中做"和"做中学"。

本书由济南职业学院宋广辉、马瑞兰、苗润路担任主编。张宁、杨淑贤担任副主编，颜宇、刘欢担任参编。其中，马瑞兰编写项目一，苗润路编写项目二，宋广辉编写项目三并负责全书统稿，杨淑贤编写项目四，颜宇编写项目五的任务一，刘欢编写项目五的任务二，张宁编写项目六。

本书编写过程中，借鉴并参考了大量的文献资料、网络资源，上海景格科技股份有限公司李文提供了宝贵意见并给予了大力帮助，在此向相关作者和企业表示衷心的感谢。

由于编者水平有限，书中难免存在缺点和疏漏之处，恳请各位读者批评指正，以便后续对内容进行修订。

编 者<br>
2023年11月

## Contents 目录

**项目一　新能源汽车电路基础知识** ················································· 1
　　任务一　新能源汽车电路及其基本物理量的认知 ························· 1
　　任务二　电路基础元件认知及电路图识读 ······································ 13

**项目二　新能源汽车检测工具的认知与使用** ···································· 35
　　任务一　绝缘拆装工具的认知与使用 ············································ 35
　　任务二　检测仪表的认知与使用 ··················································· 41
　　任务三　诊断仪的认知与使用 ······················································ 56

**项目三　新能源汽车高压安全与触电急救** ········································ 65
　　任务一　新能源汽车安全电压及触电危害 ···································· 65
　　任务二　高压触电后的急救措施 ··················································· 74

**项目四　新能源汽车高压部件及线束的识别** ···································· 83
　　任务一　新能源汽车高压系统常用高压部件识别 ························ 83
　　任务二　新能源汽车高压线束的识别 ············································ 93

**项目五　新能源汽车高压安全防护** ··················································· 101
　　任务一　新能源汽车高压区域防护措施 ········································ 101
　　任务二　维修车间安全防护措施 ··················································· 109

**项目六　安全操作要求及规范** ··························································· 120
　　任务一　新能源汽车高压区域操作基本要求 ································ 120
　　任务二　高压下电标准流程操作要求 ············································ 130
　　任务三　新能源汽车检修人员资质要求 ········································ 137

**附录　特种作业人员安全技术培训考核管理规定** ···························· 145

**参考文献** ······························································································ 151

# 项目一 新能源汽车电路基础知识

## 任务一 新能源汽车电路及其基本物理量的认知

### 任务导入

新能源汽车由多个独立的电路组成,其中包括高压动力电路和低压电路。这种电压和传统燃油汽车电气系统的用电电压相比,足以对人体造成一定的伤害。所以,作为新能源汽车的维修人员,必须掌握安全用电的基本常识及电学基础知识。本任务主要介绍新能源汽车电路的组成、电路的基本物理量等基本内容,并让学生能够利用数字万用表对新能源汽车电路进行测量,并正确读取电路的基本物理量。

### 任务目标

**▶ 知识目标**

1. 能够掌握新能源汽车电路的组成、电路的基本物理量;
2. 能够描述新能源汽车电路开路、短路的含义;
3. 能够辨别电路的串联、并联,并能够正确分析。

**▶ 技能目标**

1. 利用数字万用表对新能源汽车电路进行测量;
2. 能够正确认识新能源汽车的搭铁点并进行测量。

**▶ 素质目标**

1. 遵从7S规范,养成精益求精、追求卓越的工匠精神;
2. 通过小组合作,培养学生的团队协作意识;
3. 通过对新能源汽车高低压电路的认知,树立日乾夕惕的安全意识。

### 任务学时

建议学时:4学时

## 任务准备

你作为新能源汽车维修专业的学员,要进行新能源汽车电路的检修,首先应认知新能源汽车电路。新能源汽车电路主要包括低压电路和高压电路两部分,在识别高低压电路的基础上,对其基本物理量进行测量。请同学们根据作业任务对小组成员进行合理分工,完成新能源汽车低压电路基本物理量的测量工作。

**思想启迪**:新能源汽车的高压电已经足以伤害到人们,在进行新能源汽车电路物理量的测量时,应如何避免用电事故?

## 任务学习

### 一、电路

电路是将电气元件按照一定的方式连接起来,形成电流的通路。电路广泛应用于工业、农业、交通运输业及人们的日常生活中。电路基本都是由电源、中间环节和用电设备组成的。本任务以比亚迪秦 EV 为例,介绍新能源汽车电路的组成。

1. 电源

比亚迪秦 EV 的电源系统主要包括动力蓄电池、蓄电池管理系统、车载充电机及辅助动力源等。动力蓄电池是电动汽车的动力源,是能量的存储装置;蓄电池管理系统实时监控动力蓄电池的使用情况;车载充电机能够把电网供给的交流电(220V 或 380V)转换为动力蓄电池需要的电压(240V~410V)的直流电;辅助动力源一般为 12V 或 24V 的直流低压电源,它主要给动力转向、制动力调节控制、照明、空调、电动车窗等各种辅助用电装置提供所需能源。

比亚迪秦 EV 动力蓄电池及其参数如图 1-1 所示。从图中可以看出,动力蓄电池的标称电压为 386.9V,远远超过了人体所能接受的安全电压,所以新能源汽车检修过程中的安全问题不容忽视。

| 车型 | 300km | 400km |
|---|---|---|
| 节数 | 106 | 112 |
| 标称电压(V) | 386.9 | 408.8 |
| 容量(Ah) | 105 | 130 |
| 电量(kW·h) | 40.62 | 53.14 |
| 模组 | 10 | 10 |
| BIC(动力蓄电池信息采集器)解析数量 | 10 | 12 |
| 接触器 | 预充、正极、负极 | 预充、正极、负极 |

图 1-1 比亚迪秦 EV 动力蓄电池及其参数

2. 中间环节

中间环节主要由电路保护装置、导线、电路控制装置等组成。电路保护装置的功能是在电路中流过超过规定电流时切断电路,防止烧坏电路连接线和用电设备,并把故障限制在最小范围内;导线用于将电源、负载、开关、电路保护装置等连接起来构成电路。此外,新能源汽车通常用车体代替部分从用电器返回电源的负极导线;电路控制装置除传统的各种手动开关、压力开关、温控开关外,现代汽车还大量使用电子控制器件,包括简单的电子模块和微型计算机形式的电子控制单元。

3. 用电设备

用电设备又称负载,包括电动机、电磁阀、灯泡、仪表、各种电子控制器和部分传感器等。在新能源汽车中,电路的负载主要可分为容性负载(如同步电动机)、感性负载(异步电动机、电感器、日光灯、制动线圈、滤波线圈等)及电阻性负载(汽车前照灯)等三类。

> **想一想**
>
> 请分别找出图1-2中的电源、中间环节、负载。 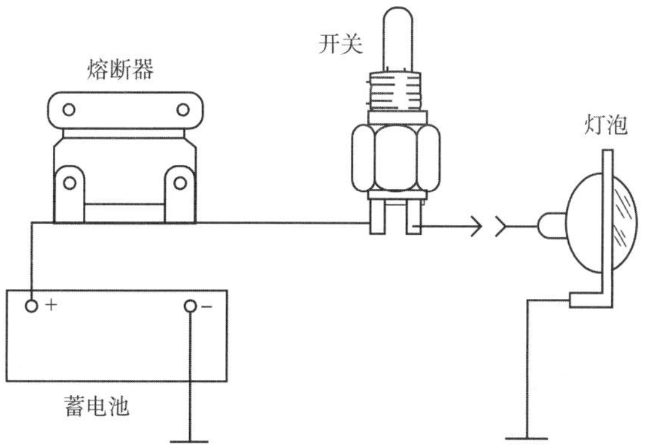
>
> 图1-2 纯电动汽车倒车信号线路图

## 二、电路的基本物理量

1. 电流

电荷有规则的定向移动形成电流,电流的大小用电流强度来表示,电流强度简称电流,其数值等于单位时间($t$)内通过导体横截面的电荷量($q$),即:

$$i = \frac{dq}{dt} \tag{1-1}$$

电流分为恒定电流和交流电流。大小和方向不随时间变化的电流称为恒定电流,简称直流电(DC),用大写字母 $I$ 表示;大小和方向随时间变化的电流称为交流电流,简称交流电

(AC),用小写字母 $i$ 表示。

在新能源汽车的电气元件参数中,经常看到"额定电流"。额定电流是指用电设备在额定电压下按照额定功率运行时的电流,也可定义为电气设备在额定环境条件(环境温度、日照、海拔、安装条件等)下可以长期连续工作的电流。用电器正常工作时的电流不应超过它的额定电流。

2. 电压

电场力将单位正电荷从 1 点移动到 2 点所做的功,定义为 1、2 间的电压,通常将电位降低的方向作为电压的实际方向,两点间的电压为:

$$u_{12} = u_1 - u_2 = \frac{dw}{dq} \tag{1-2}$$

式中,$w$ 表示电功,$q$ 表示导体横截面的电荷量。大小和方向不随时间变化的电压称为直流电压,用大写字母 $U$ 表示;大小和方向随时间变化的电压称为交流电压,用小写字母 $u$ 表示。例如,比亚迪秦 EV 中 HV(高压)蓄电池的标称电压为 DC386.9V,代表含义为直流电压 386.9V;丰田普锐斯的 MG1(1 号电动机/发电机)参数中 AC500V,代表含义为交流电压 500V。

### 想一想

请指出图 1-3 中 DC+、DC- 的含义。

图 1-3 纯电动汽车整车线路图

新能源汽车电气元件参数中,也经常看到"额定电压"。额定电压是指电气设备长时间正常工作时的最佳电压,额定电压也称为标称电压。当电气设备的工作电压高于额定电压时容易损坏设备,而低于额定电压时将不能正常工作(如灯泡发光不正常、电机不正常运转)。部分纯电动汽车动力蓄电池的额定电压见表 1-1。

部分纯电动汽车动力蓄电池的额定电压　　　　　表 1-1

| 序号 | 车型 | 动力蓄电池额定电压(V) |
|---|---|---|
| 1 | 奥迪 e-tron | 396 |
| 2 | AION LX | 403 |
| 3 | AION S PLUS | 338 |
| 4 | 宝马 IX3 | 345 |
| 5 | 奔驰 EQC400 | 357 |
| 6 | 保时捷 Taycan turbo | 723 |
| 7 | 比亚迪唐 EV | 633.6 |
| 8 | 比亚迪秦 PLUS EV | 422.4 |
| 9 | 大众 ID.4CROZZ | 352 |
| 10 | 几何 A Pro | 374 |
| 11 | 极星 2 | 394 |
| 12 | Model 3 后驱长续航 | 355.2 |
| 13 | Model 3 标准续航升级版 | 341.3 |
| 14 | 蔚来 ES8 | 350 |
| 15 | 小鹏 P7 | 346 |

**3. 电位**

在新能源汽车中常选取汽车中的搭铁点作为电位的参考点(规定电位为零的点),并用符号"⊥"表示,则电路中任意一点的电位就等于该点到参考点(搭铁点)的电压,电位的单位与电压相同,也是 V(伏特)。汽车上负极搭铁点的连接如图 1-4 所示,将蓄电池负极与汽车车身相连接,把整个车身当成公用的负极线,而负极线与车身连接的地方就叫作搭铁点。

图 1-4　负极搭铁点

电位-搭铁点的认知

**4. 电动势**

在电路中要形成电流的通路,除了电场力将正电荷从高电位端移动到低电位端外,还需要一种力量将正电荷从低电位端移动到高电位端,这个力量称为电源力,又称电动势。电动势的单位也是 V(伏特),其实际方向与电压实际方向相反,即由电源的低电位端指向高电位端。电路中的电动势是由发电机(部分接有整流器)、蓄电池、光电池(太阳能系统)等提供的。

5. 电功率

在相同时间内,不同的用电设备流过同样大小的电流,所做的功一般是不同的。例如,在相同的时间内,电流通过新能源汽车电动机所做的功要显著大于通过电风扇的电动机所做的功。为表示电流做功的快慢,引入电功率的概念。电功率是指单位时间内所消耗的电能,简称功率。直流电路中功率用大写字母 $P$ 表示,交流电路中功率分为有功功率 $P$、无功功率 $Q$、视在功率 $S$ 三种类型。

新能源汽车的功率常指输出功率,是汽车在单位时间内所做的功,功率是指物体在单位时间内所做的功。功率越大扭力越大,汽车的拉力也越高,常用最大功率来描述汽车的动力性能,汽车的功率越大则加速能力越强。最大功率一般用马力(PS)或千瓦(kW)来表示。马力是用来衡量发动机性能的重要参数,马力可以换算成功率,其换算为:

$$1 马力 = 0.735 \text{kW} \tag{1-3}$$

### 想一想

已知比亚迪秦2021款EV领畅版新能源汽车的电动机最大马力为136PS,请计算出电动机的总功率(取整)。

## 三、电路的状态

汽车电路通常有通路、短路和开路3种状态。通路是电学上的一个基础概念,是在电路中处处连通、闭合的电流路径,是电路正常工作时的状态。在本书中只对汽车短路和开路两种状态做详细的介绍。

1. 短路

汽车电路短路指电源正、负极的两根导线直接接通,使电器部件不能工作、导线发热或线路中的熔断器烧断。造成短路的原因有:导线绝缘破坏,并相互接触造成短路;开关、接线盒、灯座等外接线螺栓松脱,造成和线头的接触;接线时不慎,使两线头相碰;导线头碰触金属部分等。

1) 电源短路

电源短路是指电流从电源的一端出发,未经过用电设备直接流向电源另一端的现象,如图1-5所示,如零火线碰头、火线和火线接在一起、火线和地线接在一起等。电源短路时,电路中会产生很高的电流,线路和设备因为过热而烧毁、甚至发生火灾。所以,在电路中是绝对不允许出现电源短路的。

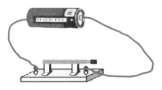

图1-5 电源短路

对于新能源汽车,动力蓄电池短路首先引发剧烈的化学反应,热量在狭小的蓄电池舱内聚集了蓄电池内部受热分解的气体,使蓄电池封闭压力上升并迅速膨胀、爆裂,并伴随有可燃性气体和有毒气体产生,温度高达 1500℃以上,会引发蓄电池舱包爆裂;爆裂后,蓄电池液体、高温气流在遇到氧气时迅速点燃汽车内易燃物,形成爆燃,整车着火。为防止电源短路,一般会在线路中串联熔断器、断路器等用于短路保护。

2) 负载短路

负载短路指用一根导线直接把负载两端连接起来,负载两端被短路。当发生负载短路时,电流不流经负载,负载不工作。对于汽车用普通低压用电负载,通常采用熔断丝进行短路保护,当负载发生短路或过载后需要重新更换熔断丝。

2. 开路

汽车电路开路又称断路或空载状态,是指电路中两点间无电流通过或阻抗值(电阻值)非常大的导体连接时的电路状态,如图 1-6 所示。电路空载时,外电路所呈现的电阻为无穷大,电路中的电流为 0。

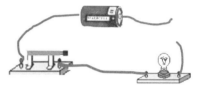

图 1-6 电路开路

### 想一想

请同学们观察图 1-7,指出当开关位于何种位置时分别对应开路和短路?

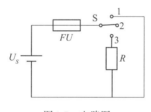

图 1-7 电路图

### 四、电路的类型

通常情况下,电路都是由一个电压源和一个负载组成的。但是在新能源汽车上,一个电压源(车载网络供电)会同时接有很多负载(用电设备),这种电路称为扩展型电路。扩展型电路各用电器之间采用并联、串联和混联的方式。

1. 串联电路

串联是连接电路元件的基本方式之一,将电路元件(电阻、电容、电感、用电器等)逐个依次首尾相连,串联起来的电路称作串联电路。将电源、开关、灯泡串联起来即为简单的串联电路,如图 1-8 所示。

2. 并联电路

并联是将电路中电阻的首尾分别连在一起。并联电阻两端的电压相同,当两个电阻并联时,可用一个等效电阻来等值代替,如图1-9所示。

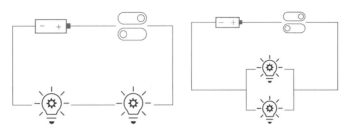

图1-8 串联电路　　　　　　　　图1-9 并联电路

在串联、并联电路中,电流、电压、电阻的关系见表1-2。

串联、并联电路电流、电压、电阻的关系　　　　　表1-2

| 串联电路 | 并联电路 |
| --- | --- |
| 电流:$I = I_1 = I_2$ | 电流:$I = I_1 + I_2$ |
| 电压:$U = U_1 + U_2$ | 电压:$U = U_1 = U_2$ |
| 电阻:$R = R_1 + R_2$ | 电阻:$1/R = 1/R_1 + 1/R_2$ |
| 电压分配:$U_1/R_1 = U_2/R_2$ | 电压分配:$I_1 \cdot R_1 = I_2 \cdot R_2$ |

3. 混联电路

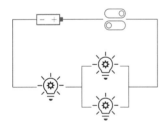

混联电路是由串联电路和并联电路组合在一起的复杂电路,如图1-10所示。混联电路兼具串联、并联电路的特点,在分析复杂电路时,需正确识读电路,找出各元件间的串联、并联关系。

4. 串联、并联的识别方法

图1-10 混联电路

学会正确识别串联、并联电路是新能源汽车电路分析的基础,会识别电路是学习电路连接和后面电路计算的基础。对于电路的识别要紧紧抓住串联电路和并联电路的基本特征,而不应单从形状上去分析。下面介绍几种区分串联、并联电路的方法。

(1)定义法。如果电路中的用电器是逐个顺次连接的,那么电路是串联电路;如果各个用电器是"首首相接,尾尾相连"并列地连在电路两点之间,那么电路就是并联电路。或用笔画线代替导线,能用一根导线将所有用电器连起来的为串联电路,否则为并联电路。

(2)电流流向法。电流流向法是识别串联、并联电路最常用的方法。在识别电路时,电流从电源正极出发,依次流过每个元件的是串联;在某处分开流过两个支路,最后又合在一起的是并联。

(3)拆除法。任意拿掉一个用电器,看其他用电器是否正常工作,如果所有用电器都被拿掉一遍,而其他用电器都可以继续工作,那么这几个用电器间的连接关系是并联,否则为串联。

> **拓展知识**
>
> 根据驱动系统能量流和功率流的配置结构关系,混合动力电动汽车可分为串联式、并联式及混联式等类型,这里的串联、并联及混联含义与电路串联、并联类似,电路串联、并联是指电流的通路,混合动力电动汽车的串联、并联是指动力传输的通路。
>
> 1) 串联式混合动力电动汽车
>
> 串联式混合动力电动汽车的发动机、发电机和驱动电机三大部件串联在一条动力传输路径上。发动机只作为动力源驱动发电机发电,电能通过控制器输送到蓄电池或电动机,由驱动电机通过变速机构驱动汽车,驱动系统只是电动机。小负荷时,由蓄电池驱动电动机驱动车轮;大负荷时,由发动机带动发电机发电驱动电动机,如图1-11所示。
>
> 2) 并联式混合动力电动汽车
>
> 并联式混合动力电动汽车是指车辆的驱动力由电机及发动机同时或单独供给的混合动力电动汽车。发动机通过变速装置和驱动桥直接相连,电机可同时用作电动机或发电机,以平衡发动机所受的荷载,使其能在高效率区域工作,如图1-12所示。
>
>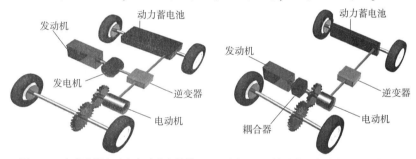
>
> 图1-11 串联式混合动力电动汽车结构　　图1-12 并联式混合动力电动汽车结构
>
> 3) 混联式混合动力电动汽车
>
> 混联式混合动力电动汽车在结构上综合了串联式和并联式的特点,它主要偏向于并联结构,但又包含一些串联结构的特点,如图1-13所示。
>
>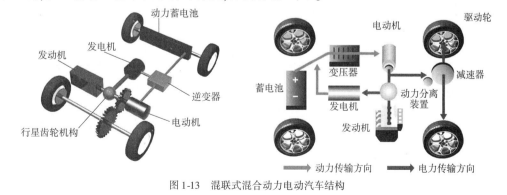
>
> 图1-13 混联式混合动力电动汽车结构

## 任务计划与决策

### 一、新能源汽车电路基本物理量认知的前期准备

(1) 准备所需仪表、工具及设备；
(2) 准备联网电脑 3 台；
(3) 准备比亚迪秦 EV 汽车 3 辆。

### 二、制订新能源汽车电路基本物理量认知的基本操作流程

| 序号 | 步骤 |
| --- | --- |
| 1 |  |
| 2 |  |
| 3 |  |
| 4 |  |
| 5 |  |
| 6 |  |
| 7 |  |
| 8 |  |
| 9 |  |
| 10 |  |

## 任务实施

### 一、仪表、工具及设备清单

| 序号 | 名称 | 规格型号 | 数量 | 教师评判 |
| --- | --- | --- | --- | --- |
|  |  |  |  |  |
|  |  |  |  |  |
|  |  |  |  |  |
|  |  |  |  |  |
|  |  |  |  |  |

教师确认：

## 二、操作步骤

| 步骤序号 | 实施步骤 | 实施记录 | | 教师审阅 |
|---|---|---|---|---|
| 1 | 新能源汽车蓄电池电压的认知 | (1) 查阅资料,任意选取5个国内品牌的新能源汽车车型,并将其动力蓄电池电压的信息填入。<br><br>(2) 在实车上查找汽车铭牌,找出动力蓄电池的基本信息并记录。<br><br>(3) 在实车上查找低压12V蓄电池的位置,并在老师的帮助下尝试测量蓄电池电压 | | |
| 2 | 新能源汽车搭铁点的认知 | (1) 教师引导学生回答搭铁点的定义。<br><br>(2) 在实车上查找搭铁点,并在老师的指导下测量搭铁点距离蓄电池负极的电阻值,并记录。 | | |
| 3 | 作业场地恢复 | 设备恢复 | □是 □否 | |
| | | 清洁、整理场地 | □是 □否 | |

## 任务实施工单

**新能源汽车电路及其基本物理量认知的任务实施工单**

| 新能源汽车电路及其基本物理量认知的任务实施工单 | | 实习日期： | |
|---|---|---|---|
| 姓名： | 班级： | 学号： | 导师签名： |
| 自评：□熟练□不熟练 | 互评：□熟练□不熟练 | 师评：□合格□不合格 | |
| 日期： | 日期： | 日期： | |

【评分细则】

| 序号 | 评分项 | 得分条件 | 分值（分） | 评分要求 | 自评 | 互评 | 师评 |
|---|---|---|---|---|---|---|---|
| 1 | 安全/7S/态度 | □能进行工位7S操作<br>□能进行设备和工具安全检查<br>□能进行工具清洁、校准、存放操作<br>□能进行三不落地操作 | 15 | 未完成1项扣3分,扣分不得超过15分 | □熟练<br>□不熟练 | □熟练<br>□不熟练 | □合格<br>□不合格 |
| 2 | 作业准备 | □能够对操作环境进行通风<br>□能够身着工装、绝缘鞋<br>□不佩戴尖锐首饰<br>□能正确检查车辆的外观、电量并放置车轮挡块 | 10 | 未完成1项扣3分,扣分不得超过10分 | □熟练<br>□不熟练 | □熟练<br>□不熟练 | □合格<br>□不合格 |
| 3 | 新能源汽车电压的测量 | □能正确定现场环境是否安全<br>□能够在接触新能源汽车时佩戴安全防护用具<br>□能够正确识别车辆的铭牌<br>□能够识别动力蓄电池、低压12V蓄电池的位置<br>□能够在老师的帮助下正确测量12V蓄电池的电压<br>□能够小组合作,共同完成测量 | 60 | 未完成1项扣8分,扣分不得超过50分 | □熟练<br>□不熟练 | □熟练<br>□不熟练 | □合格<br>□不合格 |
| 4 | 作业场地恢复 | □能将所有设备恢复原位<br>□能够清洁场地 | 10 | 未完成1项扣5分,扣分不得超过10分 | □熟练<br>□不熟练 | □熟练<br>□不熟练 | □合格<br>□不合格 |
| 5 | 表单填写报告的撰写能力 | □字迹清晰<br>□语句通顺<br>□无错别字<br>□无涂改<br>□无抄袭 | 5 | 未完成1项扣1分,扣分不得超过5分 | □熟练<br>□不熟练 | □熟练<br>□不熟练 | □合格<br>□不合格 |

总分：

## 课后巩固提升

1. 简述新能源汽车搭铁点的含义。

2. 简述新能源汽车电路的三种状态。

## 任务二 电路基础元件认知及电路图识读

### 任务导入

新能源汽车电气分为高压电气和低压电气两部分,高压电气系统的电压高达数百伏,一旦发生电路故障会引发安全事故,低压电路图的识别是新能源汽车高压部件检修的基础。因此,维修人员能够识别新能源汽车电路基础元件及读懂新能源汽车电路图对高压安全具有非常重要的意义。本任务主要介绍新能源汽车电路的基础元件、电路图的识别方法等基本内容,并让学生能够基于新能源汽车电路图,识别实车中的接插件、熔断器、继电器,进而能够进行简单的新能源汽车电路的测量。

### 任务目标

▶ **知识目标**
1. 能够描述新能源汽车电路基础元件的符号及基本功能;
2. 能够识别新能源汽车电路基础元件;
3. 能够描述比亚迪秦EV汽车电路图中元素的编码规则。

▶ **技能目标**
1. 能够识别新能源汽车电路基础元件在新能源汽车上的位置,并能够测量其好坏;
2. 能够进行新能源汽车电路图的识读。

▶ **素质目标**
1. 遵从7S规范,养成精益求精、追求卓越的工匠精神;
2. 通过小组合作,培养学生的团队协作意识;
3. 通过对新能源汽车高低压电路的认知,树立日乾夕惕的安全意识。

## 任务学时

建议学时:4学时

## 任务准备

一辆比亚迪秦 EV 事故修复后需要检查全车的线路,你作为新能源汽车维修专业的学员,能否在注意高压安全的情况下,圆满完成任务?

**思想启迪**:孔子说:"不愤不启,不悱不发。举一隅不以三隅反,则不复也。"谈一谈如何做到"举一隅不以三隅反,则不复也。"

## 任务学习

### 一、新能源汽车基础元件

新能源汽车都设有保护装置,当线路因负荷超载、短路故障使得电路中电流过大时,保护装置自动断开电源电路,以防止线路或用电设备烧坏。汽车电路保护装置的种类有熔断器、易熔线、断路器。

1. 熔断器

1)熔断器的定义

熔断器在汽车中对电路短路和严重过载进行保护。熔断器主要由熔体、安装熔体的熔管和熔座三部分组成。熔体是熔断器的核心,常做成丝状、片状或栅状,一般有铅锡合金、锌、铜、银等材料。熔管是熔体的保护外壳,用耐热绝缘材料制成,在熔体熔断时兼有灭弧作用。常见的熔断器有熔管式、绝缘式、缠丝式、插片式等,如图 1-14 所示。

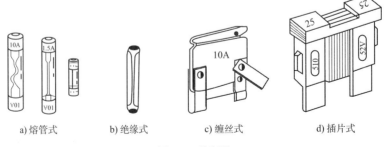

a) 熔管式　　b) 绝缘式　　c) 缠丝式　　d) 插片式

图 1-14　熔断器

熔断器还可以按照额定电压分为高压熔断器和低压熔断器。高压熔断器工作电压在 DC 32~450V 之间。熔断器的额定电压值必须等于或大于工作电压,因此,常见的高压熔断器的额定电压值分别为32V、125V、250V和600V。

2)熔断器的选用及检测

插片式熔断器又称为汽车保险片。汽车保险片主要由熔体、支架和电极三部分组成,如图1-15所示。熔体如同一段导线,当电路发生短路故障时,由于高温,熔体能迅速熔断断开电路,起到保护线路和电气设备的作用,它是保护构成新能源汽车电路的导线、用电设备、装置等的重要部件。

汽车熔断器通常被放置在一个盒中,称之为熔断器盒。各熔断器都编号排列,有的在熔断器上涂上不同的颜色,以便于检修时更好的识别,如图1-16所示。

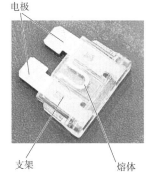

图1-15 插片式熔断器结构

a) 汽车熔断丝盒

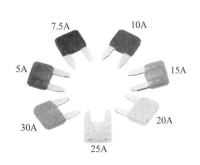

b) 不同颜色熔断丝

图1-16 汽车熔断器

在更换汽车熔断器时,注意看熔断器本体上的电流标志,电流值应与电路要求的相一致。一般车辆的使用手册或者熔断器总成盒外都印有:汽车电压一般为12V或者24V,但车用熔断器的额定电压为32V,可以放心使用。

熔断器选用的标准:保险装置标称值 = 电路的电流值/0.8

> **想一想**
>
> 某汽车电路设计的最大电流为12A,应怎样选用熔断器?

汽车熔断器的负载特性一般为电感性和电阻性。断电器、电动机(刮水器电动机、电动门窗电动机、电动座椅电动机、起动电动机等)为电感性负载,带灯丝的汽车灯泡、加热器等为电阻式负载。上述两类负载的起动特性为:起动时,瞬间电流为额定工作电流的3~10倍。因此,对汽车熔断器的要求是能经受短时(一般为若干毫秒)冲击电流不至于熔断。

汽车熔断丝检查的步骤如下:

(1)在车上找到熔断丝盒所在的位置,可通过查看手册来确定。

(2)大部分车辆的熔断丝盒自带夹子,用夹子将熔断丝拔下,部分车型熔断丝盒盖内侧也有对应的说明标示。

(3)肉眼观察,熔断丝两个插脚中间的连接丝是否断开;如果无法肉眼观察,可利用万用表进行测量。

比亚迪秦整车
熔断丝检测

### 想一想

某汽车电路如图1-17所示,请简述S133熔断丝的测量方法。

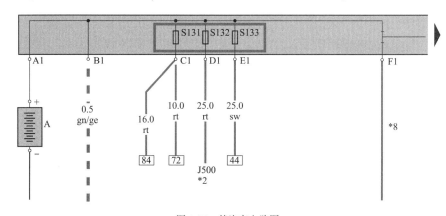

图1-17 某汽车电路图

2. 易熔线

1)易熔线的定义

易熔线是一种保险元件,它的主要作用是检测和保护电路,可以防止电路过载或短路导致的损坏,其在汽车上的位置及电路符号如图1-18所示。当电路出现短路或过载时,易熔线会自动断开电路,保护电路不受损坏。在汽车电路中,易熔线能够在一定时间内(一般≤5s)熔断,从而切断汽车电源,防止安全事故的发生。通常情况下,易熔线连接在电源线路和通过电流较大的线路中,一般接在蓄电池直接引出的电路中。

2)易熔线的检测及更换

易熔线的横截面积小于被保护电路导线横截面,但在它的表面有比较厚的不易燃烧的绝缘层,所以看起来要比同规格的导线粗,但比较柔软。一般情况下,如表层已膨胀或鼓包,说明易熔线已熔断;但有时易熔线已断,而表层仍完好。因此,为判明易熔线的状况,还是要用仪表测试。

检查易熔线和维修时应注意如下几点:

(1)易熔线在5s内熔断时的电流为150~300A,因此,无论在任何条件下都绝对不允许换用比规定容量大的易熔线。

(2)易熔线熔断时,可能是电源电路或大电流电路等主要电路发生短路。因此,需要仔细检查,找出短路原因,彻底排除故障隐患。

(3)易熔线的四周绝对不能缠绕聚氯乙烯绝缘带,更不能和其他用电设备的导线绞合在一起,也不能与材料是乙烯树脂或橡胶的元件相接触。

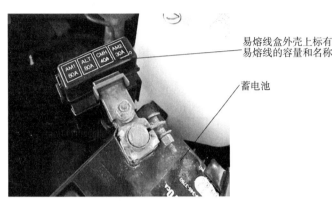

a)在汽车上的位置　　　　　　　　　　　　b)易熔线符号

图1-18　易熔线位置及符号

易熔线的更换步骤如下:
(1)拆下蓄电池的负极电缆。
(2)拆下旧的易熔线。
(3)在导线侧割断损坏的易熔线接头。

3.断路器

1)断路器特点

断路器最大的特点是可恢复性,但其成本较高,使用较少。断路器起保护作用的主要元件是双金属片和触点,有自恢复式和按压恢复式两种。一般都是热敏机械装置,它利用两种金属的不同热变形,使触点开闭或自行接通。新型的断路器使用正温度系数(Positive Temperature Coefficient,PTC)固体材料作为过流保护元件,它是一种正温度系数的电阻,根据电流或温度的高低断开或接通。这种保护元件的最大优势是:当故障排除后能自动接通,不需人工调节和拆换。

2)断路器类型

(1)循环式断路器。

循环式断路器中有一个双金属片,如图1-19所示。两种金属受热时膨胀率不一样,当双金属片中通过的电流较大时,膨胀率较大的金属由于热量积聚而弯曲,将触点打开。电路断开后,无电流通过,双金属片冷却收缩,直到触点再次将电路闭合。在实际工作中,触点的打开是很快的,如果发生连续过载,断路器会重复循环(断开或接通),直到纠正过载为止。

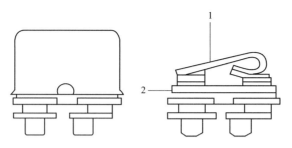

图 1-19 循环式断路器结构
1-双金属臂;2-触点

(2)非循环式断路器。

非循环式断路器如图 1-20 所示,用一段高阻导线绕在双金属臂上,在触点打开时电路仍可通过这段导线维持一个高电阻通路。它所产生的热量使双金属片在电路撤去电压前不至于冷却下来将触点接通。撤去电压后,双金属片才可冷却下来使电路复原。

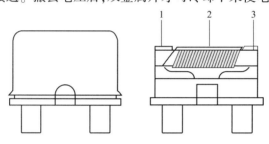

图 1-20 非循环式断路器结构
1-双金属臂;2-盘绕高阻线;3-双金属臂

对于非循环式断路器,断开电路后,需撤去电路电压才能将断路器复位。在汽车的重要电路中,如前照灯电路,不能使用非循环式断路器,因为暂时性短路会使电路电压中断,要一直等到断路器可以复位为止。

## 二、新能源汽车电路图的识读

要进行新能源汽车电路的检修,除了能识别汽车的基础元件外,应能够读懂新能源汽车的电路图。本任务以比亚迪秦 EV 为例,介绍新能源汽车电路图的识别。

1. 电路图中的编码规则

比亚迪秦 EV 的电路图册中主要包括线束接插件编码、保险编码、继电器编码等,其前舱配电盒电路如图 1-21 所示。

1)接插件的编码

接插件的编码一般由三部分组成:第一位位置、第二位类别、第三位排序,具体接插件编码规则如图 1-22 所示。

(1)位置编码。

比亚迪秦 EV 电路图中常采用大写英文字母来表示具体的位置信息,对应关系见表 1-3。

项目一 新能源汽车电路基础知识

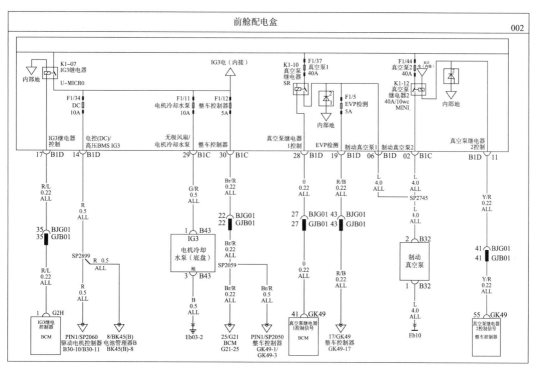

图1-21 比亚迪秦EV前舱配电盒电路

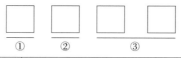

| 第一位位置 | 第二位类别 | 第三位排序 |
|---|---|---|
| 线束代码(字母) | 线束对接编号J | 接插件编号(数字) |
| | 空 | |
| | 配电盒代码 | 配电盒端口(字母) |

图1-22 接插件编码规则

**位置编码对应关系参照表** 表1-3

| 线束名称 | 编码 | 线束名称 | 编码 |
|---|---|---|---|
| 左前门线束 | T | 顶棚线束 | P |
| 左后门线束 | V | 仪表板线束 | G |
| 右前门线束 | U | 地板线束 | K |
| 右后门线束 | W | 前舱线束 | B |
| 后保险杠线束 | R | 搭铁线束 | E |
| 高压配电箱搭铁线束 | ST | 电池包搭铁线束 | Ek |

📖 想一想

（1）根据编码，回答该接插件所处位置。

G2X，表示_____位置的线束。

K02，表示_____位置的线束。

19

B68,表示_____位置的线束。

(2) 结合电路图,回答图 1-23 中表示比亚迪秦 EV 哪个位置的线束。

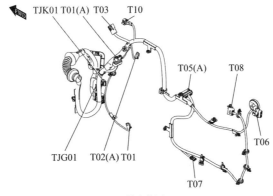

a) 线束位置

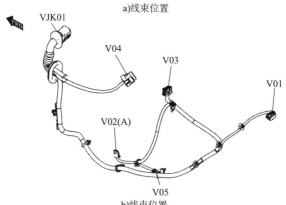

b) 线束位置

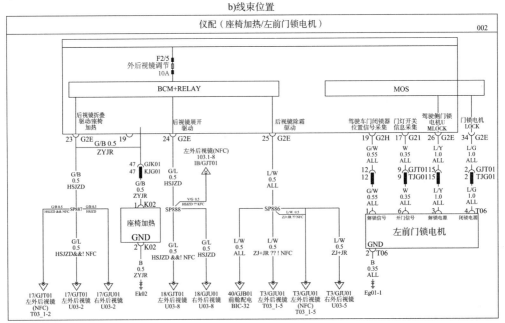

c) G2E(线束位置)和 K02(线束位置)

图 1-23

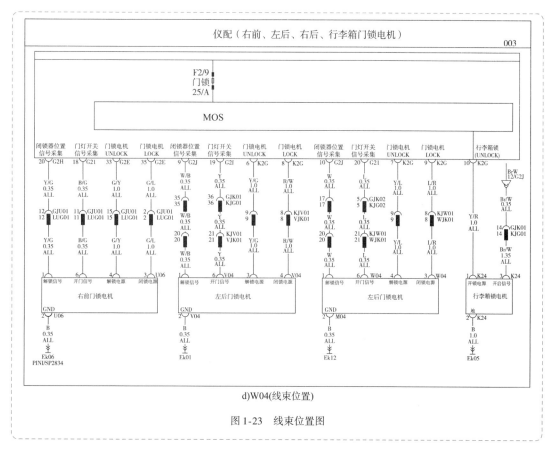

d) W04(线束位置)

图 1-23　线束位置图

（2）类别编码。

类别编码分别采用阿拉伯数字或大写字母 J 表示。

① 如果电路元素是配电盒上的接插件，此位编码采用序号 1、2 等数字，比亚迪秦 EV 的配电盒编码见表 1-4。

**比亚迪秦 EV 配电盒类别编码对应关系参照表**　　　　表 1-4

| 配电盒名称 | 编码 | 配电盒名称 | 编码 |
| --- | --- | --- | --- |
| 前舱配电盒 | 1 | 仪表板配电盒 | 2 |

② 如果接插件是线束间的接插件，则用字母"J"表示。

③ 如果接插件是接车用模块的接插件，则该类别编码为空。

### 想一想

（1）电路中编码 G2X，编码中的 G 表示＿＿＿＿＿，2 表示＿＿＿＿＿。

（2）电路中编码 B1C，编码中的 B 表示＿＿＿＿＿，1 表示＿＿＿＿＿。

（3）电路中编码为 BJK01，编码中的 B 表示＿＿＿＿＿，J 表示＿＿＿＿＿，K 表示＿＿＿＿＿，该编码表示＿＿＿＿＿接＿＿＿＿＿的对接接插件。

(3) 排序编码。

① 如果接插件是配电盒上的接插件,此位编码用大写英文字母 A、B、C、D、E 等字母表示。前舱配电盒的接插件编码有几种特殊情况,如 B46(1) 表示接前舱配电盒 1 号口(蓄电池)、B46(2) 表示接前舱配电盒 2 号口(DC 正极)。

② 如果接插件是电路上的接插件,则按照所在线束的空间位置依次编号 01、02、03、04 等数字。

**想一想**

(1)解释图 1-24 中标出的接插件的编码含义。例如,G2J:表示接 BCMJ。

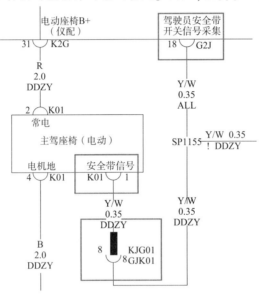

图 1-24 电路图

①K01:

②KJG01:

③GJK01:

(2)解释以下编码含义。

①G2E:

②G2C:

③B1C:

2)保险编码

比亚迪秦 EV 只有两个配电盒,1 表示前舱配电盒,2 表示仪表板主配电盒。电路中的保险编码规则如下。

(1)前舱配电盒保险编码。

前舱配电盒附配的熔断器按相应的位置编号为 F1/1,F1/2 等,具体见表 1-5。前舱配电盒总成保险如图 1-25 所示。

前舱配电盒总成保险规格  表1-5

| 编号 | 规格 | 保险名称 | 编号 | 规格 | 保险名称 | 编号 | 规格 | 保险名称 |
|---|---|---|---|---|---|---|---|---|
| F1/1 | 15A | 左近光灯 | F1/19 | — | 预留 | F1/37 | 40A | 真空泵1 |
| F1/2 | 15A | 右近光灯 | F1/20 | — | 预留 | F1/38 | — | 预留 |
| F1/3 | 5A | 昼行灯 | F1/21 | — | 预留 | F1/39 | 25A | ABS/ESP |
| F1/4 | 5A | 高压BMS | F1/22 | 5A | 充配电总成 | F1/40 | 40A | 风扇 |
| F1/5 | 5A | EVP检测 | F1/23 | 25A | 燃油加热器 | F1/41 | — | 预留 |
| F1/6 | — | 预留 | F1/24 | | | F1/42 | — | |
| F1/7 | 10A | 蓄电池冷却水泵 | F1/25 | — | 预留 | F1/43 | 30A | 刮水器 |
| F1/8 | 7.5A | 电动压缩机 | F1/26 | — | 预留 | F1/44 | 40A | 真空泵2 |
| F1/9 | 10A | 洗涤电机 | F1/27 | | | F1/45 | | |
| F1/10 | 7.5A | 空调ECU | F1/28 | | | F1/46 | | |
| F1/11 | 10A | 电机冷却水泵 | F1/29 | | | F1/47 | | |
| F1/12 | 5A | 整车控制器 | F1/30 | | | F1/48 | 200A | 蓄电池 |
| F1/13 | 40A | 鼓风机 | F1/31 | | | F1/49 | — | 预留 |
| F1/14 | 30A | 后除霜 | F1/32 | 15A | 左远光灯 | F1/50 | 80A | 仪表板配电盒 |
| F1/15 | — | 预留 | F1/33 | 15A | 右远光灯 | F1/51 | 70A | CEPS |
| F1/16 | — | 预留 | F1/34 | 10A | DC | F1/52 | — | 预留 |
| F1/17 | 10A | 喇叭 | F1/35 | — | — | | | |
| F1/18 | 5A | 暖风水泵 | F1/36 | 40A | ABS/ESP | | | |

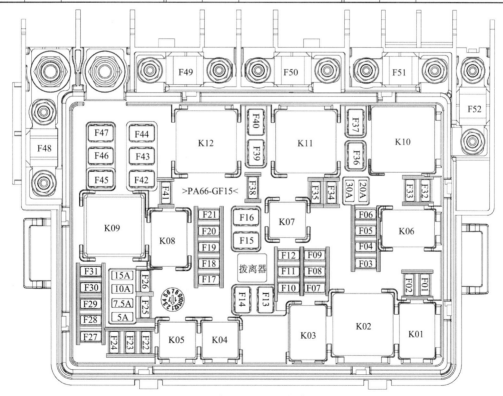

图1-25 前舱配电盒总成保险示意图

### 想一想

请根据表1-5和图1-25在比亚迪秦EV实车配电盒中圈出蓄电池冷却水泵保险、高压蓄电池管理系统(Battery Management System, BMS)保险的位置,如图1-26所示。

图1-26 比亚迪秦EV实车配电盒

(2)仪表板配电盒保险编码。

仪表板配电盒附配的熔断器相应的位置编号编为F2/1、F2/2、F2/3等。比亚迪秦EV的仪表板配电盒总成接插件、继电器编号如图1-27所示,仪表板保险编号如图1-28所示。

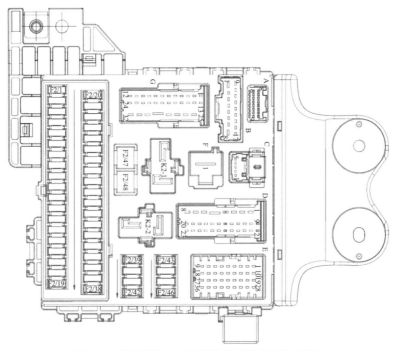

图1-27 仪表板配电盒总成接插件、继电器编号示意图

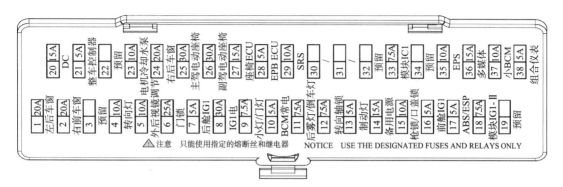

图1-28 仪表板保险编号示意图

> **想一想**
>
> 请根据图1-28在比亚迪秦EV仪表板配电盒中(图1-27)圈出防抱死制动系统(Antilock Brake System,ABS)/电子车身稳定系统(Electronic Stability System,ESP)熔断器的位置。

3)继电器编码

比亚迪秦EV电路图中继电器的第一位K表示外置继电器,第二位1表示前舱主配电盒、2表示仪表板主配电盒,第三位表示排序代码。前舱配电盒继电器编号如图1-25所示,继电器规格见表1-6。仪表板配电盒继电器编号如图1-27所示,继电器编号如图1-29所示。

前舱继电器规格　　　　　　　　　　　　　　　表1-6

| 编号 | 型号 | 继电器名称 | 编号 | 型号 | 继电器名称 |
|---|---|---|---|---|---|
| K1-1 | MICRO | 近光灯继电器 | K1-13 | PCB式 | 后除霜继电器 |
| K1-2 | MINI | 高速风扇继电器 | K1-14 | PCB式 | 喇叭继电器 |
| K1-3 | MICRO | IG4继电器 | K1-15 | PCB式 | 暖风水泵继电器 |
| K1-4 | — | — | K1-16 | PCB式 | 预留 |
| K1-5 | — | — | K1-17 | — | |
| K1-6 | MICRO | 远光灯继电器 | K1-18 | PCB式 | 昼行灯继电器 |
| K1-7 | U-MICRO | IG3继电器 | K1-19 | PCB式 | 前洗涤继电器 |
| K1-8 | MICRO | 预留 | K1-20 | PCB式 | 预留 |
| K1-9 | — | — | K1-21 | — | — |
| K1-10 | SSR | 真空泵继电器1 | K1-22 | PCB式 | 刮水器速度调节继电器 |
| K1-11 | MINI | 低速风扇继电器 | K1-23 | PCB式 | 刮水器开关继电器 |
| K1-12 | MINI | 真空泵继电器2 | | | |

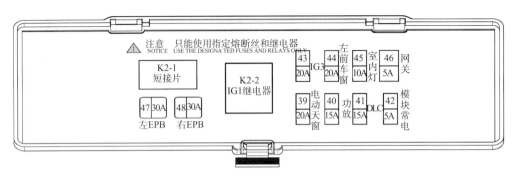

图 1-29 继电器编号示意图

> **想一想**
>
> 请在比亚迪秦 EV 实车配电盒中(图 1-30)圈出高速风扇继电器、低速风扇继电器的位置。
>
>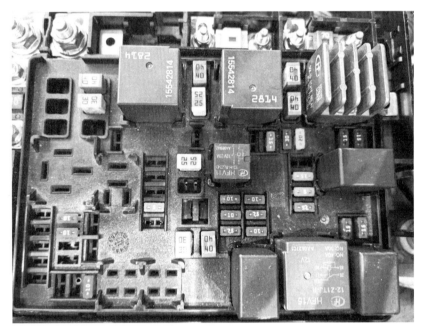
>
> 图 1-30 实车配电盒图

**2. 电路图中接插件的针脚识别**

接插件的针脚号可从电路图册中查询,以图 1-31 为例,以下介绍 B05 接插件 7 号针脚的识别方法。

(1) B05 接插件的位置在前舱配电盒,首先在电路图册中查找该接插件的位置,如图 1-32 所示。

(2) 基于比亚迪秦 EV 电路图,查找 B05 针脚分布图,如图 1-33 所示。

(3) 对比 B05 实际针脚图,从实车上找到 B05 接插件 7 号针脚,如图 1-34 所示。

项目一 新能源汽车电路基础知识

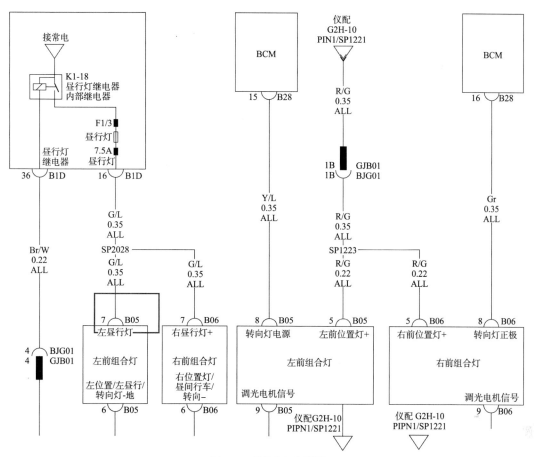

图 1-31 前组合灯电路图

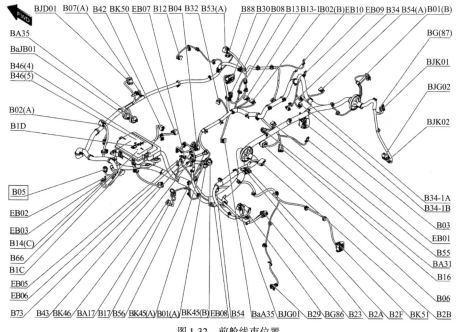

图 1-32 前舱线束位置

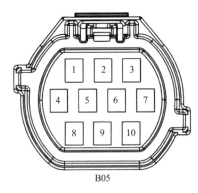

图 1-33　B05 针脚图　　　　　　　图 1-34　实车接插件

**3. 电路图中的线色标准**

在维修新能源汽车电路时,为了便于根据电路图在实车线束中快速找到导线,在汽车电路图中对导线的颜色、规格等进行了标注。导线颜色的标注方法各国各汽车制造厂家没有统一的规定,本书以比亚迪秦 EV 车型为例,其电路图中的线色标准见表 1-7。

比亚迪秦 EV 电路线色标准　　　　　　　　　　　表 1-7

| 代码 | 颜色 | 代码 | 颜色 |
| --- | --- | --- | --- |
| B | 黑色 | O | 橙黄 |
| L | 蓝色 | P | 粉红 |
| Br | 棕色 | R | 红色 |
| G | 绿色 | V | 紫色 |
| Gr | 灰色 | W | 白色 |
| Lg | 浅绿 | Y | 黄色 |

在电路图中,双色导线采用主色在前,辅助色在后的布置方式,如图 1-35 所示。R/M 表示主色为红色、辅助色为白色,0.22 为线径,单位为 $mm^2$。

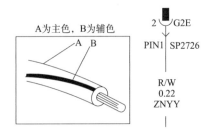

图 1-35　双色导线线色布置图

# 项目一　新能源汽车电路基础知识

## 想一想

请分析电路图 1-36 中标注出的导线颜色、线径。

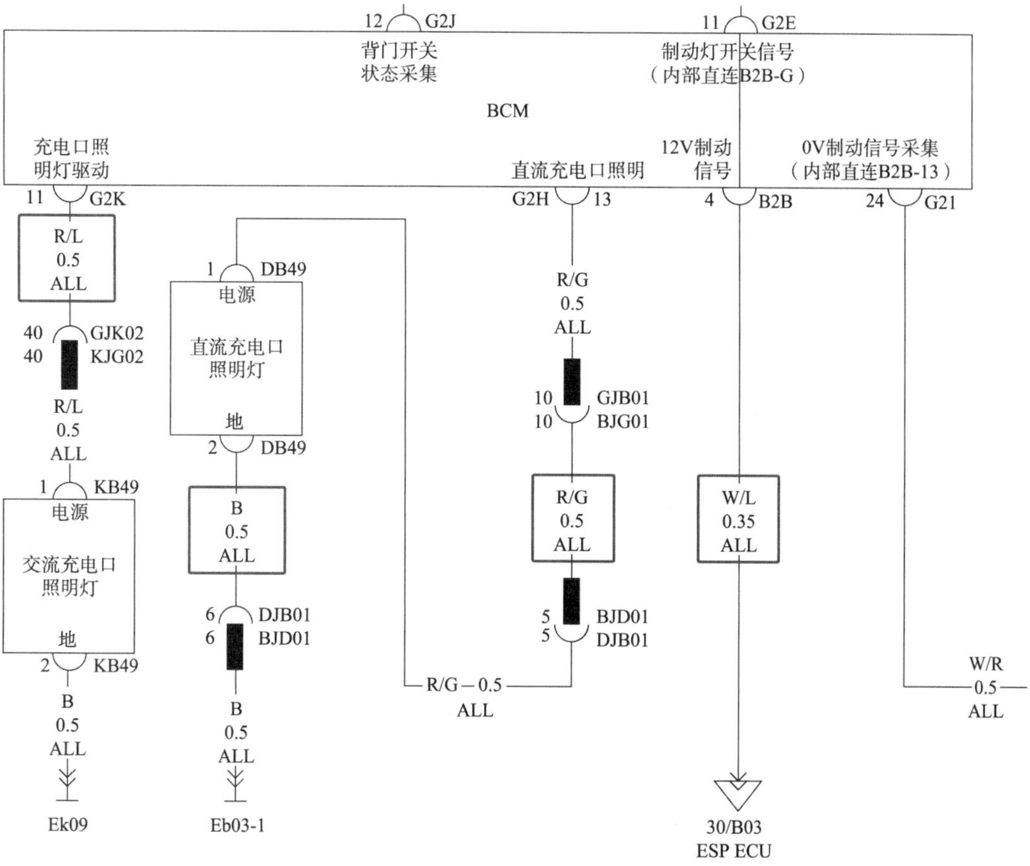

图 1-36　电路图

## 任务计划与决策

### 一、电路图识读前期准备内容

（1）比亚迪秦 EV 汽车、配套维修设备；
（2）比亚迪秦 EV 电路图及维修手册。

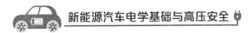

## 二、制订电路图识读的基本操作流程

| 序号 | 步骤 |
| --- | --- |
| 1 |  |
| 2 |  |
| 3 |  |
| 4 |  |
| 5 |  |
| 6 |  |
| 7 |  |
| 8 |  |
| 9 |  |
| 10 |  |

# 任务实施

## 一、仪表、工具及设备清单

| 序号 | 名称 | 规格型号 | 数量 | 教师评判 |
| --- | --- | --- | --- | --- |
|  |  |  |  |  |
|  |  |  |  |  |
|  |  |  |  |  |
|  |  |  |  |  |
|  |  |  |  |  |

教师确认：

## 二、操作步骤

| 步骤序号 | 实施步骤 | 实施记录 | 教师审阅 |
| --- | --- | --- | --- |
| 1 | 比亚迪秦EV汽车电路图元素编码规则的认识 | (1)阅读比亚迪秦EV电路图，了解电路图的整体特点。 |  |

续上表

| 步骤序号 | 实施步骤 | 实施记录 | 教师审阅 |
|---|---|---|---|
| 1 | 比亚迪秦EV汽车电路图元素编码规则的认识 | （2）根据电路图，分组查找并认识以下元素，注意区分编码规则。<br>①接插件编码。<br><br>②熔断器编码。<br><br>③继电器编码 | |
| 2 | 比亚迪秦EV汽车整车配电及低压线束的认知 | （1）查找比亚迪秦EV中两个配电盒的位置。<br><br>（2）根据电路图及编码规则，从实车上找出相应部件的位置、编号及规格 | |
| 3 | 作业场地恢复 | 设备恢复　　　　　　　　　□是　□否<br>清洁、整理场地　　　　　　□是　□否 | |

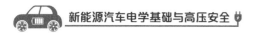

## 任务实施工单

### 电路图的识别任务实施工单

| 电路图的识别任务实施工单 | | 实习日期： | | | | |
|---|---|---|---|---|---|---|
| 姓名： | | 班级： | 学号： | | 导师签名： | |
| 自评：□熟练 □不熟练 | | 互评：□熟练 □不熟练 | | 师评：□合格 □不合格 | | |
| 日期： | | 日期： | 日期： | | | |
| 【评分细则】 | | | | | | |
| 序号 | 评分项 | 得分条件 | 分值（分） | 评分要求 | 自评 | 互评 | 师评 |
| 1 | 安全/7S/态度 | □能进行工位7S操作<br>□能进行设备和工具安全检查<br>□能进行工具清洁、校准、存放操作<br>□能进行三不落地操作 | 15 | 未完成1项扣3分，扣分不得超过15分 | □熟练<br>□不熟练 | □熟练<br>□不熟练 | □合格<br>□不合格 |
| 2 | 作业准备 | □能够对操作环境进行通风<br>□能够身着工装、绝缘鞋<br>□不佩戴尖锐首饰<br>□能正确检查万用表及其他测量仪器的外观、电量 | 10 | 未完成1项扣3分，扣分不得超过10分 | □熟练<br>□不熟练 | □熟练<br>□不熟练 | □合格<br>□不合格 |
| 3 | 正确识别电路图 | □能够正确识读电路图中的接插件编码<br>□能够正确识读电路图中熔断器编码<br>□能够正确识读电路图继电器编码<br>□能够正确识读电路图接插件针脚含义 | 10 | 未完成1项扣4分，扣分不得超过10分 | □熟练<br>□不熟练 | □熟练<br>□不熟练 | □合格<br>□不合格 |
| 4 | 接插件、熔断器、继电器、针脚的实车查找 | □能正确确定现场环境是否安全<br>□能够佩戴安全防护用具<br>□能快速找出电路图中各部分所在实车位置<br>□能够基于电路图查找实车接插件的针脚<br>□能够小组合作，共同完成测量 | 50 | 未完成1项扣8分，扣分不得超过50分 | □熟练<br>□不熟练 | □熟练<br>□不熟练 | □合格<br>□不合格 |
| 5 | 作业场地恢复 | □能将所有设备恢复原位<br>□能够清洁场地 | 10 | 未完成1项扣5分，扣分不得超过10分 | □熟练<br>□不熟练 | □熟练<br>□不熟练 | □合格<br>□不合格 |

项目一　新能源汽车电路基础知识

续上表

| 序号 | 评分项 | 得分条件 | 分值(分) | 评分要求 | 自评 | 互评 | 师评 |
|---|---|---|---|---|---|---|---|
| 6 | 表单填写报告的撰写能力 | □字迹清晰<br>□语句通顺<br>□无错别字<br>□无涂改<br>□无抄袭 | 5 | 未完成1项扣1分,扣分不得超过5分 | □熟练<br>□不熟练 | □熟练<br>□不熟练 | □合格<br>□不合格 |
| 总分: | | | | | | | |

## 课后巩固提升

1. 简述熔断器的编码规则。

2. 简述导线的颜色识别标准。

## 项目测评

### 一、填空题

1. 电路无论大小和复杂程度如何,基本都是由_____、_____和_____组成的。
2. 在新能源汽车中常选取汽车中的_____作为电位的参考点。
3. 新能源汽车的功率常指_____,是汽车在单位时间内所做的功。
4. 汽车电路通常来说有_____、_____和_____3种状态。
5. 混合动力电动汽车可分为_____、_____及_____等类型。
6. 熔断器在汽车中对电路_____和_____进行保护。
7. F1/1表示_____位置的熔断丝。

### 二、简答题

1. 简述在新能源汽车中电路的状态。

2. 简述利用万用表测量电阻、电压的步骤。

## 三、分析题

1. 分析混合动力电动汽车中串联、并联、混联的含义。

2. 分析图 1-37 中接插件、熔断器、继电器的编码含义。

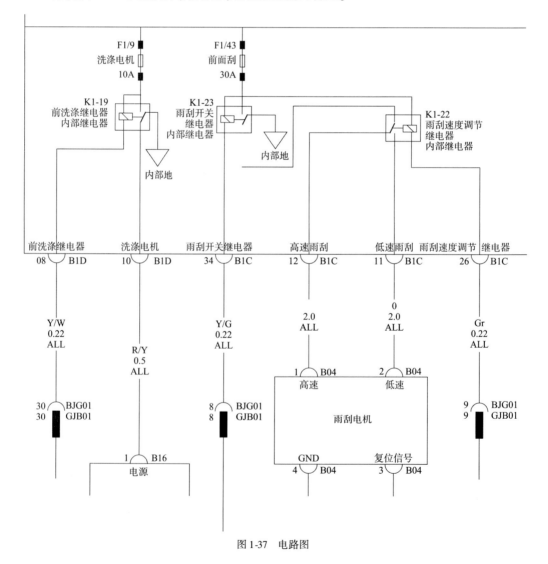

图 1-37　电路图

# 项目二 新能源汽车检测工具的认知与使用

## 任务一 绝缘拆装工具的认知与使用

### 任务导入

新能源汽车最大的特点是使用了几百伏的高电压,其等级远远高于人体的安全电压。因此,在实际维修过程中,维修技师要做好高压电绝缘防护工作,规范使用专用的绝缘维修工具尤为重要。

### 任务目标

▶▶ **知识目标**

1. 能够识别绝缘拆装工具;
2. 能够描述绝缘拆装工具的类型与作用。

▶▶ **技能目标**

1. 能够正确检查及选用绝缘拆装工具;
2. 能够规范使用绝缘拆装工具。

▶▶ **素质目标**

1. 遵从7S规范,养成精益求精、追求卓越的工匠精神;
2. 培养学生严谨细致的职业素养和扎实的工作作风;
3. 具有日乾夕惕的安全意识。

### 任务学时

建议学时:2学时

### 任务准备

你所在的维修站采购了一批新能源汽车绝缘拆装工具,主管让你对这些绝缘拆装工具

35

的类型进行登记,并选用合适的绝缘拆装工具拆开比亚迪秦 EV 的高压配电盒上盖,你能完成这个任务吗?

**思想启迪**:"工欲善其事,必先利其器",你是如何理解的?

## 任务学习

### 一、绝缘拆装工具

1. 绝缘拆装工具的特点

绝缘指的是用绝缘材料(不导电的物质)将带电体隔离或包裹起来,以对触电起保护作用的一种安全措施。采用绝缘材料加工的绝缘工具可以有效防止意外触电事故的发生,可在额定电压 1000V(交流电压)和 1500V(直流电压)的带电和近电工件或器件上进行维修作业。新能源汽车涉及高压的部分零部件拆装必须使用绝缘拆装工具,如图 2-1 所示。绝缘拆装工具必须装有耐压 1000V 以上的绝缘柄,绝缘材料不易脱落,有一定的机械强度,不容易破损,有很强的耐腐蚀、耐高温和耐高压性能。

图 2-1 绝缘拆装工具

2. 绝缘拆装工具的类型

绝缘拆装工具包括常用的套筒、扳手、螺钉旋具、钳子、电工刀等。专用绝缘拆装工具绝缘面积大,除了与零部件接触点没有绝缘外,其他地方均进行了相应的绝缘处理,一般绝缘层通常用红色和黄色进行标识,绝缘防护胶柄等均使用耐高压、耐燃材料制作,同时具有散热冷却、灭弧、防潮、防霉、保护导体等功能。

我国的绝缘工具分为以下 3 种类型。

(1) I 类工具是指采用普通基本绝缘的电动工具。在防触电保护方面,不仅依靠基本绝缘，而且还应附加一个安全预防措施，即对正常情况下不带电，而在其基本绝缘损坏时变为带电体的外露可导电部分作保护接零。为了可靠，保护接零应不少于两处，并且还要附加漏电保护，同时要求操作者使用绝缘防护用品。

（2）Ⅱ类工具是指采用双重绝缘或加强绝缘的电动工具。在防触电保护方面，不仅依靠其基本绝缘，而且有将其正常情况下的带电部分与可触及的不带电的可导电部分作双重绝缘或加强绝缘隔离措施，相当于将操作者个人绝缘防护用品以可靠、有效的方式设计制作在工具上。

（3）Ⅲ类工具是指采用安全特低电压供电的电动工具。在防触电保护方面，依靠安全隔离变压器供电。

在进行新能源汽车维修时，要求选用Ⅱ类以上的工具类型。

## 二、绝缘拆装工具的使用

1. 常见的绝缘拆装工具

1）扳手类绝缘拆装工具

扳手是一种常用的安装与拆卸工具，是利用杠杆原理拧转螺栓、螺钉、螺母和其他螺纹紧持螺栓或螺母的开口或套孔固件的手工工具。常见的扳手类工具有开口扳手、梅花扳手、套筒扳手、内六角扳手、活扳手、扭力扳手等，如图2-2所示。

绝缘拆装工具的认识

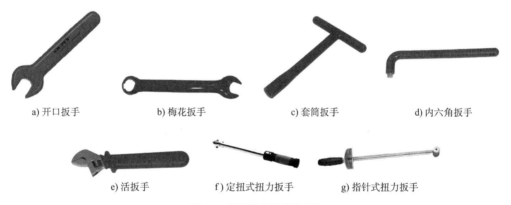

图2-2　扳手类绝缘拆装工具

2）螺钉旋具

一种用以拧紧或旋松各种尺寸的槽形机用螺钉、木螺钉以及自攻螺钉的手工工具，又称螺丝刀、起子、改锥。螺钉旋具一般按旋杆顶端的刀口形状分为一字型、十字型、六角型和花型等，分别旋拧带有相应螺钉头的螺纹紧固件。其中以一字型和十字型（图2-3）最为常用。

3）手锤、手钳类工具

（1）手锤是用于敲击或锤打物体的手工工具。手锤由锤头和握持手柄两部分组成，如图2-4a) 所示。

（2）手钳是一种用于夹持、固定加工工件或者扭转、弯曲、剪断金属丝线的手工工具。手钳的外形呈V形，通常包括手柄、钳腮和钳嘴3个部分，如图2-4b) 所示。

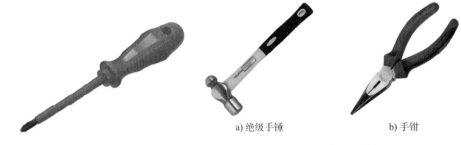

图 2-3　十字形螺丝刀　　　a) 绝缘手锤　　　b) 手钳

图 2-4　手锤和手钳

4) 绝缘剥线钳

绝缘剥线钳是内线电工、电动机修理、仪器仪表电工常用的工具之一,用来供电工剥除电线头部的表面绝缘层。剥线钳可以使得电线被剥线的部分绝缘皮与电线分开,还可以防止触电,鹰嘴剥线钳如图 2-5 所示。

5) 绝缘电工脱皮刀

绝缘电工脱皮刀是电工常用的一种切削工具。普通的绝缘电工脱皮刀由刀片、刀刃、刀把、刀挂等构成,主要用来切削电线绝缘层,如图 2-6 所示。

图 2-5　鹰嘴剥线钳 　　　图 2-6　绝缘电工脱皮刀

2. 绝缘拆装工具的选用原则

在对新能源汽车的高压部件进行维修时,必须选用满足绝缘等级要求的绝缘拆装工具。绝缘拆装工具的使用方法与普通工具相同,但是需要注意以下几点。

(1) 确认绝缘拆装工具的电压等级与待维修设备的电压等级相同,以保证操作安全。

(2) 使用前,应检查绝缘拆装工具的外观是否完好无损,如有损坏或异常应立即停止使用。

(3) 使用绝缘拆装工具时,应用均匀的力量按压工具的杠杆,避免使用过大的力量,以防止绝缘拆装工具损坏。

(4) 使用绝缘拆装工具时,要注意安全,不要将身体任何部位接触带电体。

(5) 应将绝缘拆装工具放在专用的工具车中,拆卸下来的高压部件应放在带绝缘垫的零件车中,如图 2-7 所示。

(6) 应有专门的工具室存放,室内应通风良好、清洁、干燥。

（7）避免绝缘拆装工具被利器割裂绝缘层,避免接触油类或溶剂类液体。

（8）如发现绝缘工具损伤或受潮,应及时进行检修和干燥处理,试验合格后方可使用。

（9）绝缘工具必须按规定定期进行绝缘性能的试验,不符合试验要求的,禁止使用。

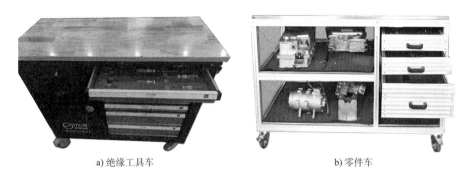

a) 绝缘工具车　　　　　　　　　　b) 零件车

图 2-7　绝缘工具车及零件车

## 任务计划与决策

### 一、绝缘拆装工具的识别

识别世达绝缘拆装工具。

### 二、绝缘拆装工具的正确选用

（1）确认绝缘工具绝缘等级;
（2）检查绝缘拆装工具外观;
（3）选择合适的绝缘拆装工具。

## 任务实施

填写绝缘拆装工具清单。

| 序号 | 名称 | 规格型号 | 数量 | 教师评判 |
|---|---|---|---|---|
|  |  |  |  |  |
|  |  |  |  |  |
|  |  |  |  |  |
|  |  |  |  |  |
|  |  |  |  |  |
|  |  |  |  |  |
| 教师确认: | | | | |

## 任务实施工单

**绝缘拆装工具的认知与使用任务实施工单**

| 绝缘拆装工具的认知与使用任务实施工单 | | 实习日期： | | |
|---|---|---|---|---|
| 姓名： | 班级： | 学号： | | 导师签名： |
| 自评：□熟练 □不熟练 | 互评：□熟练 □不熟练 | 师评：□合格 □不合格 | | |
| 日期： | 日期： | 日期： | | |

【评分细则】

| 序号 | 评分项 | 得分条件 | 分值（分） | 评分要求 | 自评 | 互评 | 师评 |
|---|---|---|---|---|---|---|---|
| 1 | 安全/7S/态度 | □能进行工位7S操作<br>□能进行设备和工具安全检查<br>□能进行工具清洁、校准、存放操作<br>□能进行三不落地操作 | 15 | 未完成1项扣3分,扣分不得超过15分 | □熟练<br>□不熟练 | □熟练<br>□不熟练 | □合格<br>□不合格 |
| 2 | 作业准备 | □能够对操作环境进行通风<br>□能够身着工装、绝缘鞋<br>□不佩戴尖锐首饰 | 10 | 未完成1项扣3分,扣分不得超过10分 | □熟练<br>□不熟练 | □熟练<br>□不熟练 | □合格<br>□不合格 |
| 3 | 正确识别绝缘拆装工具 | □能正确说出绝缘拆装工具的类型<br>□能够正确识别绝缘工具的绝缘等级<br>□能够对绝缘工具进行外观检查 | 10 | 未完成1项扣4分,扣分不得超过10分 | □熟练<br>□不熟练 | □熟练<br>□不熟练 | □合格<br>□不合格 |
| 4 | 现场急救 | □能根据拆装项目选择合适的拆装工具<br>□能够规范使用绝缘拆装工具 | 50 | 未完成1项扣8分,扣分不得超过50分 | □熟练<br>□不熟练 | □熟练<br>□不熟练 | □合格<br>□不合格 |
| 5 | 作业场地恢复 | □能将绝缘拆装工具恢复原位<br>□能够清洁场地 | 10 | 未完成1项扣5分,扣分不得超过10分 | □熟练<br>□不熟练 | □熟练<br>□不熟练 | □合格<br>□不合格 |
| 6 | 表单填写报告的撰写能力 | □字迹清晰<br>□语句通顺<br>□无错别字<br>□无涂改<br>□无抄袭 | 5 | 未完成1项扣1分,扣分不得超过5分 | □熟练<br>□不熟练 | □熟练<br>□不熟练 | □合格<br>□不合格 |
| 总分： | | | | | | | |

项目二 新能源汽车检测工具的认知与使用

## 课后巩固提升

1. 新能源汽车维修时,必须正确的选择哪些工具?

2. 常见的绝缘拆装工具有哪些?

## 任务二 检测仪表的认知与使用

### 任务导入

新能源汽车存在高压系统,作为一名未来的新能源汽车维修人员,熟练使用各种检测仪表是进行新能源汽车维修的必要前提,也是在实际工作中必备的专业技能。

### 任务目标

▶ 知识目标
1. 掌握检测仪表的类型及作用;
2. 掌握检测仪表的使用方法。

▶ 技能目标
1. 能够正确使用数字万用表;
2. 能够正确使用钳形电流表;
3. 能够正确使用绝缘测试仪测量高压部件绝缘电阻。

▶ 素质目标
1. 在使用检测仪表过程中注重细节评分,培养学生严谨细致的职业素养;
2. 具有良好的职业素养和严谨、扎实的工作作风;
3. 具有日乾夕惕的安全意识。

### 任务学时

建议学时:4 学时

### 任务准备

你作为比亚迪4S店维修技师,现有刚入职的新能源汽车汽车维修工需要培训新能源汽车检测工具的使用,你能完成这个任务吗?

**思想启迪**:你怎么理解"授人以鱼不如授人以渔"。

## 任务学习

新能源汽车维修中使用的检测仪表有数字式万用表、钳形电流表、绝缘电阻表、示波器、红外测温仪、接地电阻测试仪等。常用新能源汽车检测仪表见表2-1。

常用新能源汽车检测仪表　　　　　　表2-1

| 类型 | 工具名称 | 规格要求 |
| --- | --- | --- |
| 检测仪表 | 数字式万用表 | 符合CAT I 要求 |
| | 钳形电流表 | 符合CAT I 要求 |
| | 绝缘电阻表 | 符合CAT I 要求 |

### 拓展知识

什么是CAT等级?

根据国际电子电工委员会IEC1010-1的定义,电工工作的区域分为4个等级:CAT Ⅰ、CAT Ⅱ、CAT Ⅲ和CAT Ⅳ。CAT等级是向下单向兼容的,即一块CAT Ⅳ的万用表在CAT Ⅰ、CAT Ⅱ和CAT Ⅲ下使用是完全安全的,但是一块CAT Ⅰ的万用表在CAT Ⅱ、CAT Ⅲ、CAT Ⅳ的环境下使用就不保证安全了。新能源汽车检测仪表在说明书和表体上标有CAT等级和耐压值,同一个CAT等级下,工作电压越高,其安全等级越高。

### 一、数字万用表的认知与使用

万用表也称多用表,分为指针型万用表和数字型万用表两类,主要用来测量电阻、电压和电流等参数,以此来判断电路的通断和电控元件的技术状况。数字万用表是根据模拟量与数字量之间的转换完成测量,用数字将测量结果显示出来。如果没有特别提示,汽车电路的测量几乎都要求使用数字万用表进行测量。

1. 数字万用表的功用

数字万用表是新能源汽车基本检测仪器,应符合CAT Ⅲ安全级别要求。数字万用表通常具有检测交/直流电压、电流、电阻、频率、温度、二极管、电容等功能。车用数字万用表还能测量转速、频率、温度、电容、闭合角和占空比等,并且具有自动断电、自动量程变换、图形显示、峰值保留和数字锁定等功能。

2.数字万用表的认知

数字万用表的种类很多,其面板设置大致相同,都有显示屏、电源开关、功能量程选择开关和插孔。常见汽车数字万用表操作面板如图2-8所示。

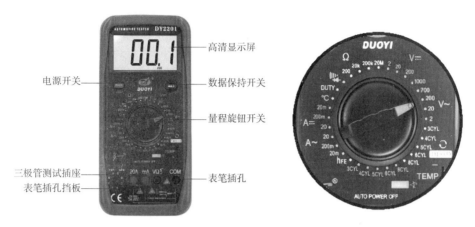

图2-8　常见汽车数字万用表操作面板

数字万用表的选择开关符号含义及功能见表2-2。

数字万用表选择开关符号含义及功能　　　　　　表2-2

| 符号 | 功能 | 符号 | 功能 |
| --- | --- | --- | --- |
| POWER | 电源开关 | HOLD | 屏幕锁定 |
| Ω | 测量电阻 | •))) | 测量通断 |
| V⋯ | 直流电压挡 | DUTY | 测量占空比 |
| V～ | 交流电压挡 | ℃ | 测量温度 |
| A⋯ | 直流电流挡 | h_{FE} | 测量晶体管 |
| A～ | 交流电流挡 | ⋈ | 测量闭合角 |
| ▶⊢ | 测量二极管通断 | ↻ | 测量转速 |

3.数字万用表的使用

在使用汽车数字万用表之前,应认真阅读其使用说明书,以熟悉万用表各项检测功能的使用方法。

1)电阻(Ω)的测量

电阻挡用来测量线路通断、负载的电阻值、传感器的电阻值、线圈和继电器等器件的电阻值,测量电阻通常是在开路状态下进行,不能在通电电路中测量,电阻的测量如图2-9所示。测量方法如下:

(1)关闭电路电源,挡位置于电阻测量挡,测量电阻前必须调零,确保测量数据准确。

(2)红表笔插入VΩ插孔,黑表笔插入COM插孔。

(3)估算电阻大小,选择相应的挡位。(无法确定时

图2-9　电阻的测量

随便选一挡位进行初测)

(4)红黑表笔接在被测设备(电阻)两端,设备断电测量,测量受其他设备影响时,设备要脱离电路测量。

(5)屏幕显示相应的值,为"0"时,应将量程调小,为"1"时应将量程调大。

> **温馨提示**
> 
> ◇ 用电阻挡测线圈时:量程尽量小。
> ◇ 用电阻挡测传感器时:量程尽量大。
> ◇ 曲轴位置传感器分为三种:磁电式、光电式、霍尔式。磁电式的电阻大概是600Ω~750Ω。
> ◇ 火花塞分为有电阻和无电阻两种,哪种好?有电阻的火花塞电阻大概是5kΩ~10kΩ。

2)电压的测量

电压挡用来测量线路电源电压、电压降,测量时要选择交流电压挡或直流电压挡。如果不能确定被测电压值,应由高向低选择挡位,电压的测量如图2-10所示。

图2-10 电压的测量

测量方法如下:

(1)红表笔插入VΩ插孔,黑表笔插入COM插孔。

(2)功能旋转开关转至V~(交流)或V—(直流),估算电压大小,选择相应的量程。

(3)红表笔放在被测电路正极,黑表笔接地或放在负极,与被测线路并联。

(4)屏幕显示相应测量值,为"0"时,应将量程调小,为"1"时应将量程调大。前面有"-"说明电压实际方向与测量表笔方向相反。

3)电流的测量

电流挡通常用来测量异常耗电、漏电、跑电等,一般是串联到电路中进行测量。如果不能确定被测电流值,应由高向低选择挡位,直流电流的测量如图2-11所示。测量方法如下:

(1)断开被测电路。

(2)红表笔插入mA或者10A插孔,黑表笔插入COM插孔。

(3)功能旋转开关转至 A～(交流)或 A—(直流),估算电流大小,选择相应的量程。

(4)断开被测线路,将数字万用表串联入被测线路中,被测线路中的电流从红表笔流入,从黑表笔流出,然后流入被测线路中。

(5)接通电路。

(6)屏幕显示测量电流值,为"0"时,应将量程调小,为"1"时应将量程调大。前面有"﹣"说明电流实际方向与测量表笔方向相反。

 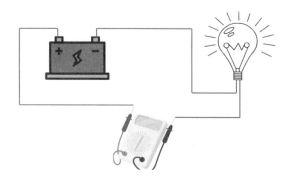

图 2-11　直流电流的测量

### 温馨提示

◇ 在不知道被测电路的电流大小时,通常先使用大电流挡进行测量,然后根据测量值选择适合的挡位进行精确测量。

◇ 测量表笔是串联在电路中,红表笔接电流流入端,黑表笔接输出端。

◇ 当转换万用表量程时,万用表红色表笔需要转换接口。

## 二、钳形电流表的认知与使用

**1. 钳形电流表的功用**

钳形电流表是一种用于测量正在运行的电气线路电流大小的仪表,可在不断电的情况下测量电流。在新能源汽车高压导线中存在较大的交变电流,在检修的过程中,有时需要测量高压线中的电流,在不破坏和拆装线束的情况下,通常使用钳形电流表对高压线束中的电流进行测量。

钳形电流表比普通万用表多一个钳头,钳头是根据电流互感器的原理制成的,专门用于测量交直流电流。

**2. 钳形电流表的认知**

优利德 UT216C 交直流钳形表如图 2-12 所示,钳形电流表的选择开关符号含义及功能见表 2-3。

**钳形电流表选择开关符号含义及功能**　　　　表 2-3

| 符号 | 功能 | 符号 | 功能 |
| --- | --- | --- | --- |
| OFF | 电源开关 | ⇥ | 测量二极管通断 |

续上表

| 符号 | 功能 | 符号 | 功能 |
|---|---|---|---|
| Ω | 测量电阻 | •))) | 测量通断 |
| V⎓ | 直流电压挡 | NVC | 非接触电压 |
| V~ | 交流电压挡 | ℃ | 测量温度 |
| A⎓ | 直流电流挡 | ℉ | 测量华氏温度 |
| A~ | 交流电流挡 | ⊣⊢ | 测量电容 |

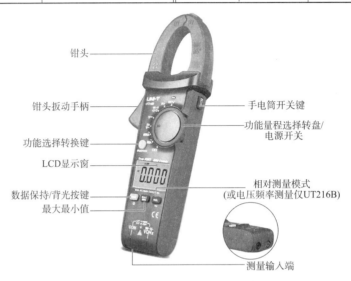

图 2-12 优利德 UT216C 钳形电流表

**3. 钳形电流表的使用**

以优利德 UT216C 钳形电流表为例,介绍钳形电流表的使用方法,其余按键功能和数字万用表一样,在此不再赘述。

在使用钳形电流表时,应先根据电流的种类、电压等级正确选择钳形电流表,被测线路的电压应低于钳形电流表的额定电压。当测量高压线路时,应选用与其电压等级相符的高压钳形电流表。

(1)校零。将黑色测试导线插入 COM 输入端,红色测试导线插入 VΩ 输入端,然后将功能量程选择转盘转至欧姆挡,两表笔短接,观察屏幕读数是否小于 1Ω。

(2)选择挡位。根据所测电路电流的性质(AC/DC),将功能量程选择转盘转至合适的电流挡位。

(3)测量。按紧扳动手柄,张开钳口,并将待测导线套入钳口中央,松开扳动手柄确保钳口的闭合面接触良好,如图 2-13 所示。

图 2-13 钳形电流表测量电流

(4)读数。查看液晶显示屏测量数值,数值稳定后读数。

(5)恢复。读数后,将钳口张开使被测导线退出,将挡位置于OFF挡,恢复整理仪表。

> **温馨提示**
>
> ◇ 使用前,应检查钳形电流表的绝缘性能是否良好,绝缘层应无破损,绝缘柄应清洁干燥。
>
> ◇ 为了避免触电或人身伤害,流向相反的电流会相互抵消。一次只能在夹钳中放入1根导线。
>
> ◇ 当测量读数不明显时,可将被测导线绕几匝,匝数要以钳口中央的匝数为准,则最终电流值=测量值/匝数。
>
> ◇ 因需接触被测线路,所以钳形电流表不能测量裸导体的电流。
>
> ◇ 测量时,测量人员应佩戴绝缘手套,站在绝缘垫上,不得触及其他设备,以防止短路或搭铁。

### 三、绝缘电阻测试仪的认知与使用

1. 绝缘电阻测试仪的功用

新能源汽车的高压线束必须具备一定的绝缘阻值才能保证用户和维修人员的人身安全。万用表测量的一般为低电压条件下的绝缘电阻,而绝缘电阻测试仪测量的一般为高电压条件下的绝缘电阻,如变压器、电机、线缆、开关、电器等电气设备及绝缘材料的绝缘电阻。在使用绝缘电阻测试仪测量电阻时,应保证这些设备、电器和电路工作在正常状态,避免发生触电伤亡及设备损坏等事故。

2. 绝缘电阻测试仪的认知

绝缘电阻测试仪一般分为两种,如图2-14a)、b)所示,分别为指针式和数字式绝缘电阻测试仪,目前常用的数字式绝缘电阻测试仪具有精度高、读数直观、操作方便、安全可靠、便于携带等优点。

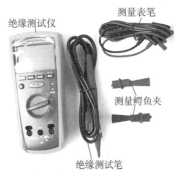

a) 指针式绝缘电阻测试仪　　b) 数字式绝缘电阻测试仪

图2-14　绝缘电阻表

数字绝缘电阻测试仪一般由直流电压变换器将蓄电池电压转换为直流高压电作为测试电压,该测试电压施加于被测物上产生的电流经电流电压转换器转换为相应的电压值,然后送入模数转换器变为数字编码,再经微处理器计算处理,由显示器显示出相应的电阻值,如图 2-15 所示。新能源汽车高压维修使用的数字绝缘电阻测试仪根据所测电压的不同,常用的有直流高压 250V、500V、1000V 和交流高压 750V。

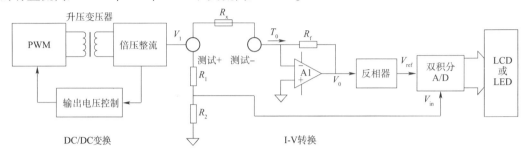

图 2-15　数字式绝缘电阻测试仪工作原理

Fluke1508 数字式绝缘电阻测试仪的面板如图 2-16 所示。

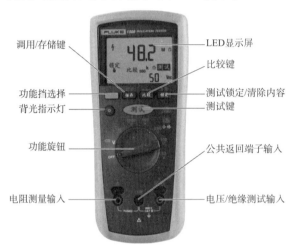

图 2-16　Fluke1508 数字式绝缘电阻测试仪

1) 旋转开关

选择任意测量功能挡即可启动测试仪。测试仪为该功能挡提供了一个标准显示屏(量程、测量单位、组合键等),旋转开关如图 2-17 和表 2-4 所示。

旋转开关功能挡及对应测量功能　表 2-4

| 开关位置 | 测量功能 |
| --- | --- |
| V | AC(交流)或 DC(直流)电压,从 0.1V 至 600.0V |
| 零Ω | Ohms(欧姆),从 0.01Ω 至 20.00kΩ |
| 1000V<br>500V<br>250V<br>100V<br>50V | Ohms(欧姆),从 0.01MΩ 至 10.0GΩ<br>利用 50、100、250、500 和 1000V 执行绝缘测试 |

图 2-17　旋转开关

2)按钮和指示灯

使用按钮来激活可扩充旋转开关所选功能的特性。测试仪上还有两个指示灯,使用此功能时,它们会点亮。按钮和指示灯的外观和功能如图 2-18 和表 2-5 所示。

图 2-18　按钮和指示灯

**按钮和指示灯的功能**　　　　　　　　　　　　　表 2-5

| 按钮/指示灯 | 说明 |
|---|---|
| | 按蓝色按钮来选择其他测量功能挡 |
| 调用<br>储存 | 保存上一次绝缘电阻或接地耦合电阻测量结果 |
| 调用<br>储存 | 第二功能。检索保存在内存中的测量值 |
| PI/DAR<br>比较 | 给绝缘测试设定通过/失败极限 |
| PI/DAR<br>比较 | 第二功能。按此按钮来配置测试仪进行极化指数或介电吸收比测试。按 测试 测试按钮开始测试 |
| 清除<br>锁定 | 测试锁定。如在按测试按钮之前按下此 测试 按钮,则在您再次按下锁定或测试按钮解除锁定之前,测试将保持在活动状态 |
| 清除<br>锁定 | 第二功能。消除所有内存内容 |

3.绝缘电阻测试仪的使用

新能源汽车维修场地必须铺设绝缘地垫,为保证绝缘地垫的绝缘效果和操作人员的安全,在对车辆进行检查维修之前,必须对绝缘地垫进行绝缘性测试。

以 Fluke1508 数字式绝缘电阻测试仪为例,介绍其绝缘电阻的测试方法。

**注意**:由于绝缘测试时,表笔输出高压电,请勿用手触摸表笔的金属部分,测试过程中必须佩戴绝缘手套。

1)安装表笔

将黑表笔插入"COM"端子,将绝缘测试笔插入"电压绝缘测试输入"端子。

2)校零

(1)开路测试。

量程选至 1000V,将红色和黑色测试探头分别插入绝缘输入端子和 COM 输入端子,然后将功能旋钮转至 1000V 挡,两表笔断开连接,单击"测

绝缘电阻测试仪的校零

试"按钮,若指示灯亮起且屏幕读数≥11GΩ,则测试仪开路测试正常,如图2-19所示。

(2)短路测试。

量程选至1000V,将红色和黑色测试探头分别插入绝缘输入端子和COM输入端子,然后将功能旋钮转至1000V挡,两表笔短接,单击"测试"按钮,若指示灯亮起且屏幕读数为0,则测试仪短路测试正常,如图2-20所示。

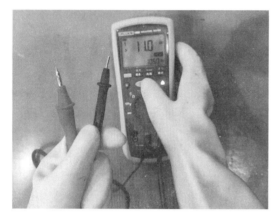
图2-19 开路测试

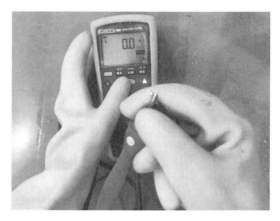
图2-20 短路测试

图2-21 测量绝缘

3)测量

开路测试和短路测试结束后,立刻进行绝缘性检测。黑色表笔接触地面,红色表笔接触绝缘地垫,点击"TEST"按钮开始测量,如图2-21所示。

4)记录测量数据

变换位置继续测量,共测量4点绝缘地垫的绝缘电阻值并记录。如果屏幕显示绝缘电阻值≥11GΩ,则说明绝缘地垫绝缘性良好。

5)复位

将绝缘电阻测试仪挡位开关置于OFF,恢复、归整测试探头。

**温馨提示**

◇ 在将绝缘电阻测试仪与被测电路连接之前,选用正确的端子、开关位置和量程。

◇ 任何一个端子与搭铁点之间施加的电压不能超过测试仪上标明的额定值,当测量电压达到交流42V峰值或者直流60V以上时,有触电风险,应注意防护。

◇ 在测试电阻、导通性、二极管或电容前,必须先切断电源,并将所有的高压电容器放电。

### 四、接地电阻测试仪的认知与使用

1. 接地电阻测试仪的认知

接地电阻测试仪是一种电阻测量装置,用于测量各种装置的接地电阻以及测量低电阻的导体电阻值,还可以测量土壤电阻率及电压。以优利德 UT521 接地电阻测试仪为例进行介绍,操作面板上有 LED 显示屏、功能选择开关、测试端口、TEST 键、LIGHT/LOAD 键、HOLD/SAVE 键等,如图 2-22 所示。

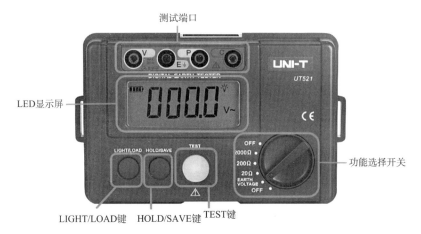

图 2-22 接地电阻测试仪

(1)在开机状态下按键和功能选择开关无动作,约 10min 后本仪器会自动关机节省电源(接地电阻挡测试状态除外)。

(2)开启背光灯:当某些光线较暗的环境下进行测试时,需开启背光灯;此时轻按一下"LIGHT/LOAD"键,背光功能被打开且 LED 显示相应的灯符号,再轻按一下"LIGHT/LOAD"键将取消背光功能。

(3)数据保持功能:测试时轻按一下"HOLD/SAVE"键,数据保持功能被打开,相应的测值被保持住且 LED 显示相应的保持符号,再轻按一下"HOLD/SAVE"键将取消保持功能。

(4)存储功能。

①存储数据。长按"HOLD/SAVE"键约 2s,存储功能被打开且存储了相应数据,再轻按一下"HOLD/SAVE"键将存储第二数据,再轻按一下"HOLD/SAVE"键将存储第三数据,想取消存储功能,则再次长按"HOLD/SAVE"键约 2s 即可。

②查看保存数据。长按"LIGHT/LOAD"键约 2s,将调出地址号码为 01 保存的数据,再轻按一下"LIGHT/LOAD"键调出地址号码为 02 保存的数据……直到第 20 组数据,若想返回到前一地址查看所存的数据,则按一下"HOLD/SAVE"键即可。

在此状态下"HOLD/SAVE"键和"HOLD/SAVE"键(轻按)实际上可当上下键用,退出此功能请再长按"LIGHT/LOAD"键约 2s 即可。

③清除保存的数据。先同时按住"HOLD/SAVE"键和"LIGHT/LOAD"键再开机,LED 显示"CL.",此时存储器里面的数据将被清除(20 组数据存满或未存满都可清除)。数字式接地电阻测试仪由机内 DC/AC 变换器将直流变换为交流低频恒流,经过辅助接地极 C 和被试物 E 组成回路,被试物上产生交流压降,经辅助接地极 P 送入交流放大器放大,再经过检波送入表头显示,借助功能选择开关,可得到三个不同的量限:0~2Ω,0~20Ω,0~200Ω。当测试线连接好被测物时,按下"TEST"键,表头 LED 显示的数值即为被测电阻值。

## 2. 接地电阻测试仪的使用

接地电阻测试仪的使用方法见表2-6。

接地电阻测试仪的使用方法　　表2-6

| 步骤 | 方法 | 图示 |
|---|---|---|
| 接线 | 将红色测试导线插入C、P两个孔位,将绿色导线插入E孔位 | 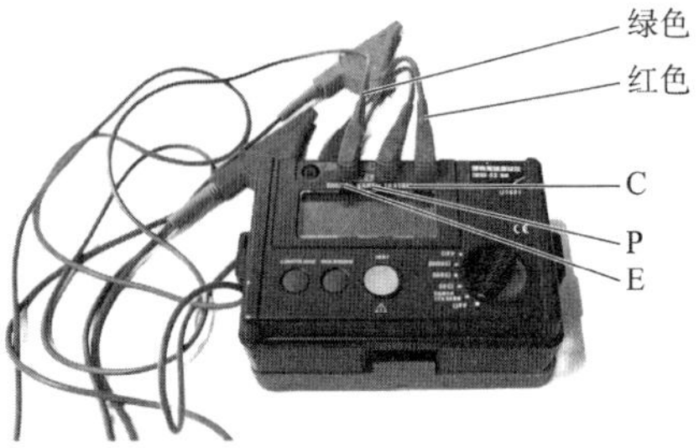 |
| 校零 | 戴上绝缘手套,调至20Ω挡,进行校零,电阻小于1Ω为正常 |  |
| 测试 | 将两条测试导线分别接在被测物体壳体与搭铁线,按下"测试"按键,测得电阻小于1Ω为正常 | 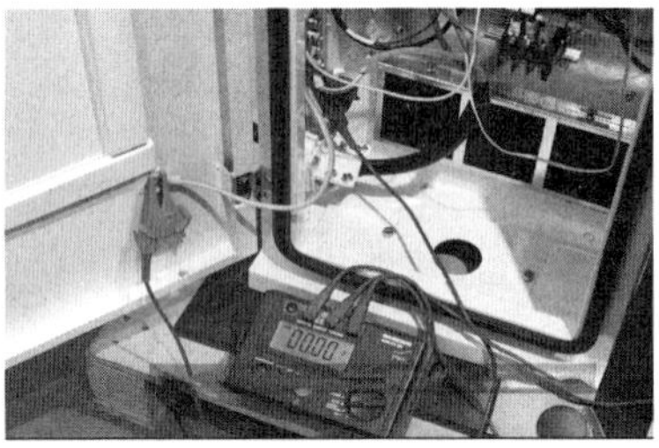 |
| 整理 | 测试完毕,收起设备 | 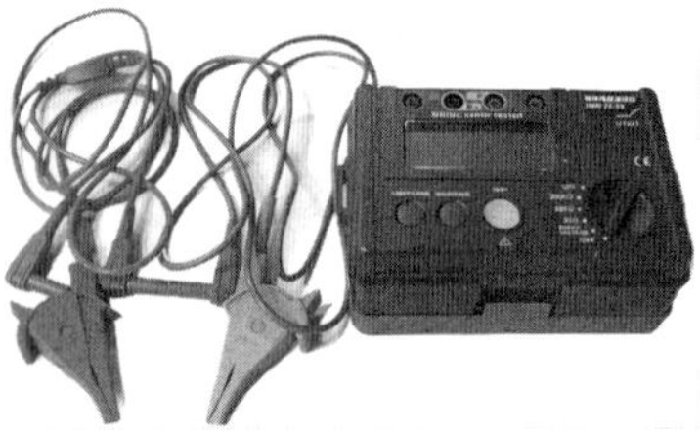 |

### 温馨提示

◇ 若LED上显示的电池符号为"▭",表示电池处于低电状态,需更换电池,否则本仪器不可正常使用。

◇ 请于测量前确认测试线插头已完全插入测试端,连接不紧将会影响测试值的精度。

◇ 确定接地钉插入在潮湿的土壤中,若土壤干燥,则要加足水。石质或沙地也要变潮湿后才能测试。如果在城市地区，周围都是水泥地难于打辅助地桩，可用 25cm×25cm 二钢板(或用现有的辅助接地钉)平放在水泥地上敷上湿毛巾，浇上足够水，代替测量电极，一般情况下可以进行测量。

◇ 测接地电压不需要按"TEST"键，若测量值>10V 时，则要将相关电气设备关闭，待接地电压降低后再进行接地电阻测试，否则会影响接地电阻的测试精度。

◇ 接地电压测试仅在 V 和 E 端进行，C 端和 P 端的连接线一定要断开，否则可能会导致危险或本仪器损坏。

### 想一想

接地电阻测试仪主要用在什么场景？

## 任务计划与决策

### 一、准备并检查新能源汽车检测工具

准备并检查所需工具。

### 二、制订新能源检测工具的使用培训计划

根据要求制订培训计划。

## 任务实施

### 一、仪表、工具及设备清单

| 序号 | 名称 | 规格型号 | 数量 | 教师评判 |
| --- | --- | --- | --- | --- |
|  |  |  |  |  |
|  |  |  |  |  |
|  |  |  |  |  |
|  |  |  |  |  |
| 教师确认： | | | | |

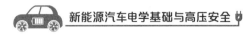

## 二、操作步骤

| 步骤序号 | 实施步骤 | 实施记录 | | | 教师审阅 |
|---|---|---|---|---|---|
| 1 | 数字万用表的使用 | （1）检测电阻<br><br>（2）检测电压<br><br>（3）检测电流 | | | |
| 2 | 钳形电流表使用步骤 | 检测低压蓄电池电缆电流步骤 | | | |
| 3 | 绝缘电阻测试仪检测步骤 | 检测绝缘地垫绝缘电阻步骤 | | | |
| 4 | 接地电阻测试仪检测步骤 | 检测新能源汽车搭铁电阻步骤 | | | |
| 5 | 作业场地恢复 | 设备恢复 | □是 | □否 | |
| | | 清洁、整理场地 | □是 | □否 | |

## 任务实施工单

### 新能源汽车检测仪表的使用任务实施工单

| 新能源汽车检测仪表的认识与使用任务实施工单　实习日期： ||||
|---|---|---|---|
| 姓名： | 班级： | 学号： | 导师签名： |
| 自评：□熟练　□不熟练 | 互评：□熟练　□不熟练 | 师评：□合格　□不合格 | |
| 日期： | 日期： | 日期： | |

【评分细则】

| 序号 | 评分项 | 得分条件 | 分值（分） | 评分要求 | 自评 | 互评 | 师评 |
|---|---|---|---|---|---|---|---|
| 1 | 安全/7S/态度 | □能进行工位 7S 操作<br>□能进行设备和工具安全检查<br>□能进行工具清洁、校准、存放操作<br>□能进行三不落地操作 | 15 | 未完成 1 项扣 3 分，扣分不得超过 15 分 | □熟练<br>□不熟练 | □熟练<br>□不熟练 | □合格<br>□不合格 |
| 2 | 作业准备 | □能够对操作环境进行通风<br>□能够身着工装、绝缘鞋<br>□不佩戴尖锐首饰<br>□能正确检查检测工具是否完整 | 10 | 未完成 1 项扣 3 分，扣分不得超过 10 分 | □熟练<br>□不熟练 | □熟练<br>□不熟练 | □合格<br>□不合格 |
| 3 | 数字万用表的使用 | □能正确连线<br>□能正确校零<br>□能够正确使用万用表检测电阻、电压、电流<br>□能够正确记录检测数值 | 15 | 未完成 1 项扣 4 分，扣分不得超过 10 分 | □熟练<br>□不熟练 | □熟练<br>□不熟练 | □合格<br>□不合格 |
| 4 | 钳形电流表的使用 | □能正确检查钳形电流表外观<br>□能够正确连线<br>□能够正确校零<br>□能够正确选择量程<br>□能够正确记录检测数值 | 15 | 未完成 1 项扣 8 分，扣分不得超过 10 分 | □熟练<br>□不熟练 | □熟练<br>□不熟练 | □合格<br>□不合格 |
| 5 | 绝缘电阻测试仪的使用 | □能正确检查绝缘电阻测试仪外观<br>□能够正确连线<br>□能够正确校零<br>□能够正确选择量程<br>□能够正确记录检测数值 | 15 | 未完成 1 项扣 8 分，扣分不得超过 10 分 | □熟练<br>□不熟练 | □熟练<br>□不熟练 | □合格<br>□不合格 |
| 6 | 接地电阻测试仪的使用 | □能正确检查接地电阻测试仪外观<br>□能够正确连线<br>□能够正确校零<br>□能够正确选择量程<br>□能够正确记录检测数值 | 15 | 未完成 1 项扣 8 分，扣分不得超过 10 分 | □熟练<br>□不熟练 | □熟练<br>□不熟练 | □合格<br>□不合格 |

续上表

| 序号 | 评分项 | 得分条件 | 分值（分） | 评分要求 | 自评 | 互评 | 师评 |
|---|---|---|---|---|---|---|---|
| 7 | 作业场地恢复 | □能将检测工具恢复原位<br>□能够清洁场地 | 10 | 未完成1项扣5分,扣分不得超过10分 | □熟练<br>□不熟练 | □熟练<br>□不熟练 | □合格<br>□不合格 |
| 8 | 表单填写报告的撰写能力 | □字迹清晰<br>□语句通顺<br>□无错别字<br>□无涂改<br>□无抄袭 | 5 | 未完成1项扣1分,扣分不得超过5分 | □熟练<br>□不熟练 | □熟练<br>□不熟练 | □合格<br>□不合格 |
| 总分： | | | | | | | |

## 课后巩固提升

1. 简述绝缘电阻测试仪使用的注意事项。

2. 简述熔断丝的检测方法。

## 任务三 诊断仪的认知与使用

### 任务导入

随着汽车智能化程度逐渐增加,汽车的各种功能基本都是由电子控制系统来控制,新能源汽车的智能化程度相比于传统燃油汽车更高,所以在进行车辆维护时,熟练使用汽车诊断仪读取车辆电控系统中的故障,能帮助维修技师迅速排除故障。

### 任务目标

▶ 知识目标

1. 能够描述新能源汽车诊断仪器的类型和作用；
2. 能够认识新能源汽车诊断仪配件。

## 项目二 新能源汽车检测工具的认知与使用

▶▶ **技能目标**

1. 能够规范连接新能源汽车诊断仪;
2. 能够规范使用诊断仪读取相关数据。

▶▶ **素质目标**

1. 通过规范使用诊断仪,培养学生规范操作意识;
2. 通过小组合作,培养学生的团队合作意识;
3. 具有日乾夕惕的安全意识。

### 🎯 任务学时

建议学时:2 学时

### 🎯 任务准备

作为比亚迪4S店的维修技师,现在有一辆比亚迪秦EV纯电动汽车仪表出现故障码,请你利用诊断仪读取车辆故障码及数据流。

**思想启迪**:如何理解"科学技术是第一生产力"?

### 🎯 任务学习

### 一、诊断仪的功用和认知

1. 诊断仪的功用

汽车诊断仪就是通过有线或蓝牙的方式和车辆电子控制单元(Electronic Control Unit,ECU)进行连接,进而从ECU中读取系统故障码。此外,汽车诊断仪还有清除故障码、读取数据流、执行元件动作测试、系统设定、示波器、打印输出等功能,甚至还提供汽车的故障诊断流程和电路资料,为汽车维修提供了方便。

2. 诊断仪的认知

常见的汽车诊断仪的类型有3种,常规车载自动诊断解码仪(OBD-Ⅰ解码仪)、涵盖范围更广的通用解码仪(道通、元征等品牌)和原厂解码仪(由汽车厂家开发和授权,供经销商使用)。其中,车载自动诊断解码仪无法访问特定的高压驱动模块,维修过程中很少使用;原厂解码仪针对于本品牌的数据是最完整最新的,故障诊断最准确,只提供给经销商使用;通用型解码仪涵盖了多品牌的诊断数据,可以在不同品牌的汽车上使用,更适合综合修理厂。

道通MS908S通用型诊断仪如图2-23所示,主要由诊断仪主机、蓝牙诊断接口设备、测试主线、USB连接线等组成。

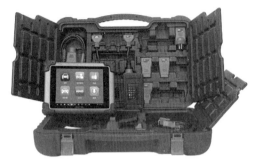

图 2-23　道通 MS908S 通用型诊断仪

## 二、诊断仪的使用

使用前,确保设备内置电池电量充足或已连接直流电源。

1. 连接诊断仪

1）蓝牙诊断接口连接

（1）将测试主线的母转接头连接到蓝牙诊断接口设备的数据接口;

诊断仪的使用方法

（2）拧紧外加螺钉,如图 2-24 所示。

2）车辆诊断座连接

将测试主线的公转接头与车辆诊断座连接,诊断座一般位于车辆仪表板的下部。

2. 开机

车辆上电,按下平板诊断设备顶部右侧的"锁屏/电源"按钮开启设备,开机界面如图 2-25 所示。通过蓝牙配对建立诊断仪与蓝牙诊断接口设备之间的通信,若连接成功,屏幕底部导航栏上的"VCI"按钮将会显示一个绿色的"√"图标,随时开始车辆诊断,如图 2-25 所示。

图 2-24　蓝牙诊断接口

图 2-25　开机界面

3. 读取故障码和数据流

（1）点击首页"诊断"按钮,打开车辆菜单。如图 2-26 所示。

（2）道通诊断系统支持"自动 VIN 扫描""手动 VIN 输入""手动车辆选择"3 种车辆识别方法,选择"比亚迪",点击屏幕左上角  按钮,可进行"自动 VIN 扫描"和"手动 VIN 输入",若系统未能从车辆自动获取 VIN 码,或者在 VIN 码未知的情况下,可手动选择车型。

（3）进入车辆系统后,诊断界面如图 2-27 所示,会出现两个选项:自动扫描和控制单元,"自动扫描"功能会对车辆所有控制模块进行全面的扫描以定位存在故障的系统并读取故障码,"控制单元"功能可以选择固定的模块进行扫描。

（4）扫描完成界面如图 2-28 所示。

单击任意被标识为"故障"的模块,即可进入该模块进行故障码、数据流读取操作,如图 2-29 所示。

项目二 新能源汽车检测工具的认知与使用

图 2-26 车辆菜单

图 2-27 诊断界面

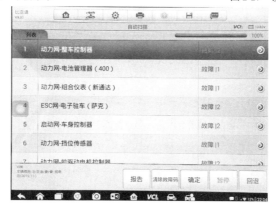
图 2-28 扫描完成界面

> **温馨提示**
>
> 由于偶发性故障或维修后未及时清除故障码,在读取故障码时应严格按照以下步骤进行。
> (1)点击"自动扫描"或"控制单元"查看故障码;
> (2)点击"清除故障码";
> (3)再次读取故障码。

图 2-29 故障码读取界面

单击"读数据流",即可读取该模块数据流,如图 2-30 所示。

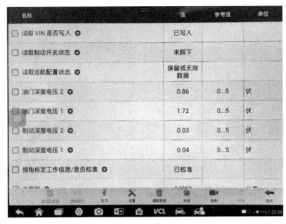

图 2-30　数据流读取界面

4. 断开诊断仪

（1）依次退出诊断程序，回到主页面，关闭诊断仪主机电源。

（2）车辆下电。

（3）将测试主线从 OBD Ⅱ 接口取下。

（4）将测试主线从蓝牙诊断设备取下。

（5）整理、归位。

### 想一想

诊断仪的仪器连接有什么注意事项？

## 任务计划与决策

### 一、诊断仪的检查

（1）确认诊断仪的连接方法及位置；

（2）检查诊断仪的外观是否破损及脏污；

（3）检查仪器各部分连接状态是否良好。

### 二、故障诊断仪的使用流程

| 序号 | 步骤 |
|---|---|
| 1 |  |

续上表

| 序号 | 步骤 |
|---|---|
| 2 | |
| 3 | |
| 4 | |
| 5 | |
| 6 | |
| 7 | |
| 8 | |
| 9 | |
| 10 | |

## 任务实施

### 一、仪表、工具及设备清单

| 序号 | 名称 | 规格型号 | 数量 | 教师评判 |
|---|---|---|---|---|
| | | | | |
| | | | | |
| | | | | |
| | | | | |
| | | | | |

教师确认：

### 二、操作步骤

| 步骤序号 | 实施步骤 | 实施记录 | | | 教师审阅 |
|---|---|---|---|---|---|
| 1 | 检查维修工位上的高压安全防护用具 | 设置隔离带 | | □是 □否 | |
| | | 设置安全警示牌 | | □是 □否 | |
| | | 放置绝缘地垫 | | □是 □否 | |
| | | 灭火器 | 设置灭火器 | □是 □否 | |
| | | | 灭火器压力值是否正常 | □是 □否 | |
| | | | 灭火器是否在维修日期内 | □是 □否 | |
| | | 绝缘安全帽 | 外观检查 | □良好 □破损 | |
| | | 护目镜 | 外观检查 | □良好 □破损 | |

续上表

| 步骤序号 | 实施步骤 | 实施记录 | | | 教师审阅 |
|---|---|---|---|---|---|
| 1 | 检查维修工位上的高压安全防护用具 | 高压绝缘手套 | 外观检查 | □良好 □破损 | |
| | | | 最高使用电压(V) | | |
| | | | 气密性检查 | □良好 □漏气 | |
| | | 绝缘鞋 | 外观检查 | □良好 □破损 | |
| | | 防静电服 | 外观检查 | □良好 □破损 | |
| 2 | 连接诊断仪 | 连接测试主线及蓝牙诊断设备 | | □是 □否 | |
| | | 连接测试主线与车辆OBDⅡ接口 | | □是 □否 | |
| | | 车辆高压上电 | | □是 □否 | |
| | | 蓝牙配对成功 | | □是 □否 | |
| 3 | 读取故障码 | 故障码 | 故障状态 | 故障描述 | |
| | | | | | |
| | | | | | |
| | | | | | |
| | | | | | |
| | | | | | |
| 4 | 读取比亚迪秦EV整车控制器（Vehicle Control Unit，VCU）数据流 | 数据名称 | 值 | 单位 | |
| | | | | | |
| | | | | | |
| | | | | | |
| | | | | | |
| 5 | 断开诊断仪 | 依次退出程序 | | □是 □否 | |
| | | 关闭诊断仪主机 | | □是 □否 | |
| | | 断开测试主线 | | □是 □否 | |
| | | 车辆高压下电 | | □是 □否 | |
| | | 整理诊断仪配件 | | □是 □否 | |
| 6 | 作业场地恢复 | 设备恢复 | | □是 □否 | |
| | | 清洁、整理场地 | | □是 □否 | |

## 任务实施工单

**诊断仪的认知与使用任务实施工单**

| 诊断仪的认知与使用任务实施工单　实习日期： | | | |
|---|---|---|---|
| 姓名： | 班级： | 学号： | 导师签名： |
| 自评：□熟练　□不熟练 | 互评：□熟练　□不熟练 | 师评：□合格　□不合格 | |
| 日期： | 日期： | 日期： | |

【评分细则】

| 序号 | 评分项 | 得分条件 | 分值（分） | 评分要求 | 自评 | 互评 | 师评 |
|---|---|---|---|---|---|---|---|
| 1 | 安全/7S/态度 | □能进行工位7S操作<br>□能进行设备和工具安全检查<br>□能进行工具清洁、校准、存放操作<br>□能进行三不落地操作 | 15 | 未完成1项扣3分,扣分不得超过15分 | □熟练<br>□不熟练 | □熟练<br>□不熟练 | □合格<br>□不合格 |
| 2 | 作业准备 | □能够对操作环境进行通风<br>□能够身着工装、绝缘鞋<br>□不佩戴尖锐首饰 | 10 | 未完成1项扣3分,扣分不得超过10分 | □熟练<br>□不熟练 | □熟练<br>□不熟练 | □合格<br>□不合格 |
| 3 | 正确连接诊断仪 | □能正确连接测试主线与蓝牙诊断设备<br>□能正确连接测试主线与车辆OBDⅡ接口 | 10 | 未完成1项扣4分,扣分不得超过10分 | □熟练<br>□不熟练 | □熟练<br>□不熟练 | □合格<br>□不合格 |
| 4 | 读取故障码及数据流 | □能正确录入车辆VIN码<br>□能正确进入诊断界面<br>□能正确读取故障码<br>□能正确记录故障码<br>□能正确读取数据流<br>□能正确记录数据流 | 50 | 未完成1项扣8分,扣分不得超过50分 | □熟练<br>□不熟练 | □熟练<br>□不熟练 | □合格<br>□不合格 |
| 5 | 作业场地恢复 | □能正确断开诊断仪<br>□诊断仪恢复原位<br>□能够清洁场地 | 10 | 未完成1项扣5分,扣分不得超过10分 | □熟练<br>□不熟练 | □熟练<br>□不熟练 | □合格<br>□不合格 |
| 6 | 表单填写报告的撰写能力 | □字迹清晰<br>□语句通顺<br>□无错别字<br>□无涂改<br>□无抄袭 | 5 | 未完成1项扣1分,扣分不得超过5分 | □熟练<br>□不熟练 | □熟练<br>□不熟练 | □合格<br>□不合格 |
| 总分： | | | | | | | |

## 课后巩固提升

1. 简述故障诊断仪的使用流程。

2. 简述读取故障码的注意事项。

## 项目测评

### 一、填空题

1. 新能源汽车维修时,必须选择_____。
2. 数字万用表的常用功能有_____、_____、_____、_____。
3. 在新能源汽车维修时,常用到的高压电路测量设备有_____、_____、_____、_____。
4. 新能源汽车专用维修工位需要设置_____、_____、_____和_____。

### 二、简答题

1. 简述用绝缘电阻测试仪检测绝缘垫绝缘电阻值的步骤。

2. 简述利用万用表测量电阻、电压的步骤。

3. 简述接地电阻测试仪的使用方法。

# 项目三 新能源汽车高压安全与触电急救

## 任务一 新能源汽车安全电压及触电危害

### 任务导入

新能源汽车相对于传统燃油汽车而言,它具有高电压、大电流的动力回路。在进行新能源汽车检修过程中,稍有不慎可能会发生触电事故,甚至可能会危及生命。作为新能源汽车检修人员,必须能够认识到新能源汽车的安全电压及触电后的危害。本任务主要介绍新能源汽车高压系统安全电压等级、触电的危害,并让学生能够进行模拟触电仪的安全体验。

### 任务目标

▶ **知识目标**

1. 能够描述新能源汽车 AB 类电压等级划分;
2. 能够描述电流对人体的伤害形式;
3. 能描述触电的方式。

▶ **技能目标**

能够正确、及时地预防触电事故的发生。

▶ **素质目标**

1. 遵从 7S 规范,养成精益求精、追求卓越的工匠精神;
2. 具有良好的职业素养和严谨、扎实的工作作风;
3. 具有日乾夕惕的安全意识。

### 任务学时

建议学时:4 学时

## 任务准备

你作为新能源汽车专业检修人员,班组长让你给新入职的学徒工进行专业的高压安全培训,让他们熟知新能源汽车安全电压及触电危害,你能否完美完成此次任务?

**思想启迪**:电的用途虽广泛,可是它还有缺陷。"懂得电学用方便,违反就会生祸患"。你是如何理解这句话的?

## 任务学习

### 一、新能源汽车高压系统安全电压

#### 1. 电力系统安全电压

充电桩是向新能源汽车提供能源补给的设备,是新能源汽车的必要设施。充电桩的功能类似于加油站中的加油机,其输入端直接连接到交流电网(电力系统),输出端则通过充电插头为新能源汽车的蓄电池充电。所以,了解电力系统的安全电压尤为重要。

在电力系统中通常将额定1KV以上的电压称为高电压,额定电压在1KV以下的电压称为低电压。在民用电网中,《特低电压(ELV)限值》(GB/T 3805—2008)规定我国安全电压额定值的等级为42V、36V、24V、12V和6V。安全电压应根据作业场所、操作员条件、使用方式、供电方式、线路状况等因素选用,任何情况下都不要把安全电压理解为绝对没有危险的电压。一般情况下,当空气干燥、工作条件好时可使用24V、36V,对于潮湿而触电危险性较大的环境,安全电压规定为12V。因此,12V、24V和36V为我国规定的安全电压三个等级。

#### 2. 新能源汽车高压系统安全电压等级

新能源汽车为了适应电机驱动工作的特性要求并提高效率,高压电气系统的工作电压可以达到300V以上,而电力传输线路的阻抗很小,所以高压电气系统的正常工作电流可能达到数十甚至数百安培,瞬时短路放电电流更是成倍增加。

《电动汽车高压系统电压等级》(GB/T 31466—2015)规定了电动汽车高压系统的电压等级要求,其适用于纯电动汽车和混合动力电动汽车。在新能源汽车中,将电压按照类型和数值分为两个级别,如表3-1所示。

电动汽车高压系统电压等级划分　　　　　　表3-1

| 电压安全级别 | 工作电压(V) | |
| --- | --- | --- |
| | DC(直流) | 50Hz~150Hz AC(交流) |
| A | $0 < U \leq 60$ | $0 < U \leq 30$ |

续上表

| 电压安全级别 | 工作电压(V) ||
|---|---|---|
| | DC(直流) | 50Hz～150Hz AC(交流) |
| B | 60＜$U$≤1500 | 30＜$U$≤1000 |

A级表示安全的电压等级,不需要采取特殊的防电保护。在直流电中A级电压小于或等于60V,在50Hz～150Hz的交流电中小于等于30V。

B级会对人体会产生伤害,属于高电压,必须采取安全防护(绝缘)。在直流电中B级电压小于或等于1500V,在50Hz～150Hz的交流电中小于等于1000V。

**想一想**

请分析相同大小的直流电和交流电,哪种电压的危险性更大?

## 二、新能源汽车触电危害

1. 电流对人体的危害

电击与电伤的特征与危害见表3-2。

**电击与电伤的特征与危害** 表3-2

| 名称 | | 特征 | 说明与危害 |
|---|---|---|---|
| 电击 | | 电击常会给人体留下电标、电纹、电流斑等较明显的特征 | 电击是触电事故中最危险的一种。例如致使人体产生痉挛、刺痛、灼热感、昏迷、心室颤动或停跳、呼吸困难、心跳停止等现象 |
| 电伤 | 电灼伤 | 接触灼伤:接触灼伤发生在高压触电事故时,电流通过人体皮肤的进出口造成灼伤;<br>电弧灼伤:电弧灼伤发生在误操作或过分接近高压带电体时,当其产生电弧放电时,出现高温电弧 | 高温电弧会把皮肤烧伤,致使皮肤发红、起泡或烧焦和组织破坏;电弧还会使眼睛受到严重伤害 |
| | 电烙印 | 电烙印是由电流的化学效应和机械效应引起,通常在人体与带电体有良好接触的情况下发生。电烙印有时在触电后并不立即出现,而是相隔一段时间后才出现 | 皮肤表面将留下与被接触带电体形状相似的肿块痕迹。电烙印一般不发炎或化脓,但往往造成局部麻木和失去知觉 |

续上表

| 名称 | 特征 | 说明与危害 |
| --- | --- | --- |
| 电伤 皮肤金属化 | 皮肤金属化是由于极高的电弧温度使周围的金属熔化、蒸发并飞溅到皮肤表层,令皮肤表面变得粗糙坚硬,其色泽与金属种类有关,如灰黄色(铅)、绿色(紫铜)、蓝绿色(黄铜)等 | 金属化后的皮肤经过一段时间后会自行脱落,一般不会留下不良后果 |

2. 触电的方式

触电的方式可分为直接触电和间接触电两种。

1) 直接触电

直接触电是指人体的任何部位直接触及电源的相线所形成的触电。此时,人体触及的电压为电气系统相对于大地之间的电压或相间电压,危险性最高,后果最严重。常见的是单相触电和两相触电。

单相触电是指在地面或其他接地导体上,人体某一部位触及电源的一根相线或与相线间相接的带电物体的触电事故,如图3-1a)、b)所示。两相触电是指人体同时触及同一电源系统的两根相线,电流从一根相线经过人体,流至另一根相线,如图3-2a)、b)所示。

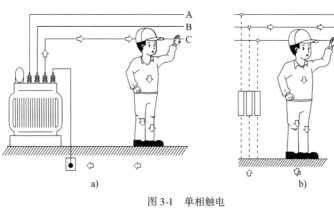

图 3-1 单相触电

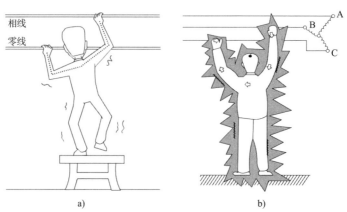

图 3-2 双相触电

2）间接触电

间接触电是指人体的任何部位间接触及电源的相线所形成的触电,如电气设备在故障情况下形成的触电。间接触电分为金属外壳带电触电和跨步电压触电两种。电气设备因老化绝缘损坏或绝缘被过电压击穿等,致使其设备的金属外壳带电,人体的任何部位触及电气设备带电的外露部分,或与其相连的可导电部分形成触电,称为金属外壳带电触电,如图 3-3 所示。输电线断路落地或运行中的电气设备因绝缘损坏漏电时,电流经过接地体向大地做半环形流散,并在落地点或接地体周围地面产生强大电场,当有人走过落地点周围时,其两步之间的电位差称为跨步电压,当跨步电压大于一定数值时,通过人体的电流超过安全值所引起的触电成为跨步电压触电,如图 3-4 所示。

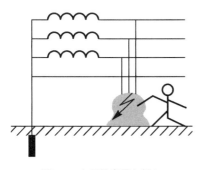

图 3-3　金属外壳带电触电

图 3-4　跨步电压触电

3. 电流对人体的伤害

当有电压源施加在人体上和人体形成闭合的电流通路时,电流超过 5mA 则会发生触电,如图 3-5 所示。触电电流的大小与人体电阻有关,人体内电流经过的不同路径的电阻值如图 3-6 所示。人体电阻的大小取决于衣服、皮肤湿度、体内路径的长度和类型等因素。有电流流过的身体部位处衣服越厚、越干,电阻值越大。如果皮肤上有水或雪,那么身体电阻就会降低。如果身体内电流经过的路径较短,那么电阻比电流流过较长路径时小。

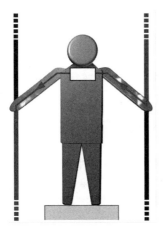

图 3-5　电流流经人体

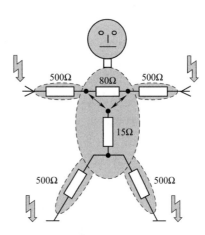

图 3-6　人体内不同路径的电阻值

不同电流对人体的影响不同,通过人体的电流越大,人体的生理反应越明显,感觉越强烈,从而引起心室颤动所需的时间越短,致命的危险就越大。交流电流及直流电流对人体的影响见表3-3。

交流电流及直流电流对人体的影响　　　　　　　　　　　　　　　　表3-3

| 电流(mA) | 通电时间 | 交流电流 | 直流电流 |
| --- | --- | --- | --- |
| 0~0.5 | 连续通电 | 无感觉 | 无感觉 |
| 0.5~5 | 连续通电 | 有麻刺感、疼痛、无痉挛 | 无感觉 |
| 5~10 | 数分钟内 | 痉挛、剧痛,但可以摆脱电源 | 有针刺感,压迫感及灼热感 |
| 10~30 | 数分钟内 | 迅速麻痹、呼吸困难、血压升高、不能摆脱电源 | 压痛、刺痛、灼热强烈,有抽搐 |
| 30~50 | 数秒~数分 | 心跳不规则、昏迷、强烈痉挛、心脏开始颤动 | 感觉强烈、有剧痛、痉挛 |
| 50~80 | 低于心脏搏动周期 | 受强烈冲击,但没发生心室颤动 | 剧痛、强烈痉挛、呼吸困难或麻痹 |
| 50~80 | 超过心脏搏动周期 | 昏迷、心室颤动、呼吸麻痹、心脏麻痹或停跳 | 剧痛、强烈痉挛、呼吸困难或麻痹 |

**想一想**

以比亚迪秦EV动力蓄电池电压500V为例,计算通过人体的电流大小并填写表3-4。

人体不同测试路径对应电流　　　　　　　　　　　　　　　　表3-4

| 测试路径 | 人体电阻值(取整)/Ω | 电流大小 |
| --- | --- | --- |
| 手—手 | 1000 | 500mA |
| 手—脚 | 750 | |
| 双手—脚 | 500 | |
| 手—胸 | 450 | |
| 双手—胸 | 230 | |
| 双手—脚底 | 300 | |

当双手施加500V的直流电压时,通过人体的电流为500mA,此时的电流可导致强烈痉挛、呼吸困难或麻痹,其余情况通过人体的电流均大于500mA,一旦发生触电,如果不能及时救助,伤者则会有生命危险。

若伤者接触新能源驱动电机500V的交流电压,危险性更高。当流过人体的交流电流达到30mA~50mA,并且通过时间较长,则会引发呼吸停顿和心室颤动等危险;一旦流过人体的交流电流达到50mA~80mA,若低于心脏搏动周期,人体会受到强烈冲击,当超过心脏搏动周期,则会导致昏迷、心室颤动、呼吸麻痹及停顿、心脏麻痹;若电流超过80mA,被称为"死亡阈值",此时呼吸麻痹,持续时间超过3s,心脏会停止跳动,会导致生命危险。

## 温馨提示

根据《特低电压(ELV)限值》(GB/T 3805—2008)的要求,30V以上的交流电和60V的直流电均具有危险性。依据德国电工协会的相关规定,最大的接触电压分别为交流电50V,直流电120V。新能源汽车的动力蓄电池电压及驱动电机的电压远远超过安全电压,一旦发生意外会有很大的安全隐患,如果不慎与接口接触不当,极有可能会触电,从而危及生命,所以在对新能源汽车进行检修时,必须做好安全防护。

通过人体的电流所引发的后果取决于:
◇ 接触位置电压的强度
◇ 流动的电流强度
◇ 电流的持续时间
◇ 电流的路径(最糟糕的情况是经过心脏)
◇ 交流电流的频率,频率越低,其危险性越大

## 任务计划与决策

### 一、模拟触电仪安全体验的前期准备内容

(1)确认不同大小电流对人体的影响;
(2)检查模拟触电仪的外观、电量、挡位。

模拟触电仪的使用

### 二、制订模拟触电仪安全体验的基本操作流程

| 序号 | 步骤 |
|---|---|
| 1 | |
| 2 | |
| 3 | |
| 4 | |
| 5 | |
| 6 | |
| 7 | |
| 8 | |
| 9 | |
| 10 | |

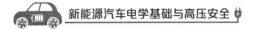

## 一、仪表、工具及设备清单

| 序号 | 名称 | 规格型号 | 数量 | 教师评判 |
|---|---|---|---|---|
|  |  |  |  |  |
|  |  |  |  |  |
|  |  |  |  |  |
|  |  |  |  |  |

教师确认：

## 二、操作步骤

| 步骤序号 | 实施步骤 | 实施记录 | | 教师审阅 |
|---|---|---|---|---|
| 1 | 检查维修工位上的高压安全防护用具 | 设置隔离带 | □是 □否 | |
| | | 设置安全警示牌 | □是 □否 | |
| | | 放置绝缘地垫 | □是 □否 | |
| | | 灭火器 — 设置灭火器 | □是 □否 | |
| | | 灭火器 — 灭火器压力值是否正常 | □是 □否 | |
| | | 灭火器 — 灭火器是否在维修日期内 | □是 □否 | |
| | | 绝缘安全帽 — 外观检查 | □良好 □破损 | |
| | | 护目镜 — 外观检查 | □良好 □破损 | |
| | | 高压绝缘手套 — 外观检查 | □良好 □破损 | |
| | | 高压绝缘手套 — 最高使用电压(V) | | |
| | | 高压绝缘手套 — 气密性检查 | □良好 □漏气 | |
| | | 绝缘鞋 — 外观检查 | □良好 □破损 | |
| | | 防静电服 — 外观检查 | □良好 □破损 | |
| 2 | 模拟触电仪的安全体验 | (1)将系统模式从关闭状态开启至接通状态。(2)接通电源,让系统开始供电,电源指示灯亮。(3)双手放置触摸区域,选择不同的电压强度和电流强度挡位。(4)说出体验各挡位时的感受。 | | |

续上表

| 步骤序号 | 实施步骤 | 实施记录 | | 教师审阅 |
|---|---|---|---|---|
| 3 | 作业场地恢复 | 关闭设备电源 | □是 □否 | |
| | | 清洁、整理场地 | □是 □否 | |

## 任务实施工单

### 模拟触电仪的安全体验任务实施工单

| 模拟触电仪的安全体验任务实施工单 实习日期： | | | |
|---|---|---|---|
| 姓名： | 班级： | 学号： | 导师签名： |
| 自评：□熟练 □不熟练 | 互评：□熟练 □不熟练 | 师评：□合格 □不合格 | |
| 日期： | 日期： | 日期： | |

| 【评分细则】 | | | | | | | |
|---|---|---|---|---|---|---|---|
| 序号 | 评分项 | 得分条件 | 分值(分) | 评分要求 | 自评 | 互评 | 师评 |
| 1 | 安全/7S/态度 | □能进行工位7S操作<br>□能进行设备和工具安全检查<br>□能进行工具清洁、校准、存放操作<br>□能进行三不落地操作 | 15 | 未完成1项扣3分，扣分不得超过15分 | □熟练<br>□不熟练 | □熟练<br>□不熟练 | □合格<br>□不合格 |
| 2 | 作业准备 | □能够对操作环境进行通风<br>□能够身着工装、绝缘鞋<br>□不佩戴尖锐首饰<br>□能正确检查人体模拟触电仪的外观、电量、开关 | 10 | 未完成1项扣3分，扣分不得超过10分 | □熟练<br>□不熟练 | □熟练<br>□不熟练 | □合格<br>□不合格 |
| 3 | 人体模拟触电 | □能正确打开模拟触电仪<br>□能按照要求选择电流及电压强度<br>□能按照要求双手放置在触摸区域<br>□能说出体验感受<br>□能够将模拟触电仪复位 | 60 | 未完成1项扣10分，扣分不得超过60分 | □熟练<br>□不熟练 | □熟练<br>□不熟练 | □合格<br>□不合格 |
| 4 | 作业场地恢复 | □能将模拟触电仪恢复原位<br>□能够清洁场地 | 10 | 未完成1项扣5分，扣分不得超过10分 | □熟练<br>□不熟练 | □熟练<br>□不熟练 | □合格<br>□不合格 |
| 5 | 表单填写报告的撰写能力 | □字迹清晰<br>□语句通顺<br>□无错别字<br>□无涂改<br>□无抄袭 | 5 | 未完成1项扣1分，扣分不得超过5分 | □熟练<br>□不熟练 | □熟练<br>□不熟练 | □合格<br>□不合格 |
| 总分： | | | | | | | |

## 课后巩固提升

1. 简述新能源汽车高压系统电压等级。

2. 简述电流对人体的伤害。

## 任务二 高压触电后的急救措施

### 任务导入

新能源汽车的动力蓄电池、驱动电机的电压比传统燃油汽车蓄电池电压高很多,操作不当足以使人受伤。因此,维修人员在高压作业前要熟知高压触电的危害及急救措施,在高压作业时要做好安全防护工作,一旦发生触电事故,要及时对触电者采取正确的急救方法。本任务主要介绍触电后脱离电源的方法和现场急救措施,并让学生能够检查维修工位上的高压安全防护用具、对假人实施心肺复苏。

### 任务目标

▶▶ **知识目标**
1. 能够描述切断电源的措施;
2. 能够描述触电后的急救措施。

▶▶ **技能目标**
1. 能够正确、及时地对触电事故进行处理;
2. 能够对假人正确实施心肺复苏。

▶▶ **素质目标**
1. 遵从7S规范,养成精益求精、追求卓越的工匠精神;
2. 具有良好的职业素养和严谨、扎实的工作作风;
3. 具有日乾夕惕的安全意识。

### 任务学时

建议学时:4学时

## 任务准备

你作为新能源汽车维修专业的学员,观看了安全警示视频,视频中一位新能源汽车维修工因违规操作导致了触电事故,如果是你在他身旁,如何对他进行急救?

**思想启迪**:人们常说"防患于未然",你是如何理解的?

## 任务学习

### 一、脱离电源

人员发生触电事故后,往往会失去知觉或者造成"假死"现象,能否救治的关键在于使触电者迅速、安全地脱离电源。一旦发生人员触电,周围人员首先要在确保安全的情况下迅速地使触电者脱离电源,方法如下。

(1)迅速关掉电源。
(2)用绝缘良好的电工钳剪断电源线(注意一次只能剪一相)。
(3)用绝缘工具、干燥的木棒等将电线挑开。
(4)抢救者可戴上手套或手上包缠干燥的衣服等绝缘物品拖拽触电者。
(5)也可采用站在干燥的木板、橡胶垫等绝缘物品上用一只手拖拽触电者等方法。

脱离电源后,应将触电者迅速抬到宽敞、空气流通的地方,使其仰天平卧在硬板床上,松开衣服和裤带,检查瞳孔是否放大,以及呼吸和心跳是否存在,同时通知医务人员。

#### 想一想

拨打急救电话通知医务人员时,必须说明的信息有哪些?

### 二、现场急救

在触电者脱离电源并安置妥当后,应先判断触电者的伤情,以便针对伤情采取相应的急救措施,伤情判断的基本流程如图 3-7 所示。

1. 意识判断

当将触电者脱离电源后,应先判断触电者是否存在意识。具体方法为轻拍或轻摇触电者的肩膀,注意不要用力过猛或摇头部,以免加重可能存在的外伤,并在耳旁呼叫触电者。如无反应,立即用手指掐压触电者的人中穴。当呼之不应,刺激也毫无反应时,可判定为意识已经丧失,该判定过程应在5s内完成。

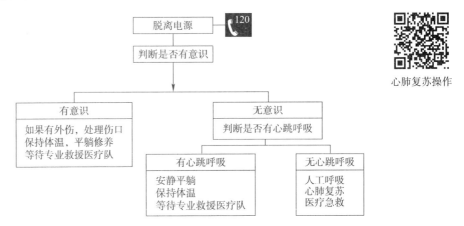

图3-7 伤情判断的基本流程

若触电者有意识,神志清醒,能回答问题,只是感觉头昏、乏力、心悸、出冷汗、恶心、呕吐及四肢麻木。该症状较轻,应让触电者就地静卧休息一段时间,以减轻心脏负担,加快恢复。同时,应迅速请医生到现场诊治,做好一切抢救准备。

当触电者意识已丧失时,应立即呼救,同时,让触电者仰卧在坚实的平面上,头部放平,颈部不能高于胸部,双臂平放在躯干两侧,解开紧身上衣,松开裤带,取出假牙,清除口腔中的异物。

若触电者面部朝下,应将头、肩、躯干作为一个整体同时翻转,不能扭曲,以免加重颈部可能存在的伤情。翻转方法为跪在触电者肩旁,先把触电者的两只手举过头,拉直两腿,把一条腿放在另一条腿上,然后一只手托住触电者的颈部,一只手扶住触电者的肩部,全身同时翻转。

2. 触电急救方法

1)触电者症状判断方法

(1)用眼观察触电者的胸部有无起伏和呼吸动作,如图3-8所示。

(2)用耳贴近触电者的口鼻处,听他有无呼吸声音。

(3)用手试口鼻有无呼吸的气流,再用两手指轻压一侧喉结旁凹陷处的颈动脉有无搏动感觉,如图3-9所示。

2)针对触电者各种不同情况的救治方法

(1)触电者神志不清或失去知觉,但呼吸、心跳尚存。应将其抬到附近通风、干燥、空气清新的地方平卧,解开衣服,随时观察伤情的变化,同时立即请医生到现场诊治。

(2)触电者失去知觉、呼吸困难或呼吸逐渐微弱。应立即施行人工呼吸。同时立即请医生到现场急救。

(3)触电者呼吸、脉搏和心跳均已停止,出现假死现象。应立即进行口对口人工呼吸和胸外心脏按压,详细内容见表3-5和表3-6。

 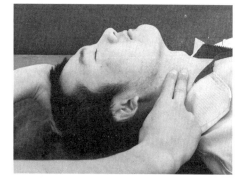

图 3-8　用眼观察触电者胸部有无起伏　　　　图 3-9　用手试口鼻有无呼吸

口对口人工呼吸方法　　　　　　　　　　　　　　　　表 3-5

| 序号 | 步骤 | 示意图 |
| --- | --- | --- |
| 1 | 清除触电者口中的血块、痰液或口沫 | |
| 2 | 将触电者鼻孔朝天头后仰,急救者深深吸气 | |
| 3 | 捏紧触电者的鼻子,大口地向触电者口中吹气,触电者胸廓明显抬起 | |
| 4 | 急救者松口,松开触电者嘴鼻,气体呼出,胸廓回落 | |
| 如此重复进行,时间以 6~8s/次,8~10 次/min 左右为宜,不可间断,直至触电者苏醒为止 | | |

胸外心脏按压法　　　　　　　表3-6

| 序号 | 步骤 | 示意图 |
|---|---|---|
| 1 | 急救者跪跨在触电者臀部位置，右手放在触电者的胸部胸骨下1/3交界处，双乳头与前正中线交界处，掌根所在的位置即为正确挤压区，然后将左手掌压在右手掌上 | |
| 2 | 自上向下均衡地用力挤压胸骨下端，使其下陷4~5cm，然后突然放松挤压，要注意手掌不能离开胸壁，依靠胸部的弹性自动恢复原状，连续不断地进行按压、放松操作，至少100次/min，按压、放松时间各占50%，连续进行到触电者苏醒为止 | |

### 想一想

什么情况下需要对触电者进行口对口人工呼吸，什么情况下需要对触电者进行胸外心脏按压？

## 任务计划与决策

### 一、触电急救心肺复苏前期准备内容

（1）检查心肺复苏模拟假人外观，电量；
（2）准备一次性心肺复苏消毒面膜。

### 二、制订触电急救心肺复苏基本操作流程

| 序号 | 步骤 |
|---|---|
| 1 | |
| 2 | |
| 3 | |
| 4 | |
| 5 | |
| 6 | |

续上表

| 序号 | 步骤 |
|---|---|
| 7 |  |
| 8 |  |
| 9 |  |
| 10 |  |

## 任务实施

### 一、仪表、工具及设备清单

| 序号 | 名称 | 规格型号 | 数量 | 教师评判 |
|---|---|---|---|---|
|  |  |  |  |  |
|  |  |  |  |  |
|  |  |  |  |  |
|  |  |  |  |  |
|  |  |  |  |  |

教师确认：

### 二、操作步骤

| 步骤序号 | 实施步骤 | 实施记录 | | | 教师审阅 |
|---|---|---|---|---|---|
| 1 | 检查维修工位上的高压安全防护用具 | 设置隔离带 | | □是 □否 | |
| | | 设置安全警示牌 | | □是 □否 | |
| | | 放置绝缘地垫 | | □是 □否 | |
| | | 灭火器 | 设置灭火器 | □是 □否 | |
| | | | 灭火器压力值是否正常 | □是 □否 | |
| | | | 灭火器是否在维修日期内 | □是 □否 | |
| | | 绝缘安全帽 | 外观检查 | □良好 □破损 | |
| | | 护目镜 | 外观检查 | □良好 □破损 | |
| | | 高压绝缘手套 | 外观检查 | □良好 □破损 | |
| | | | 最高使用电压(V) | | |
| | | | 气密性检查 | □良好 □漏气 | |
| | | 绝缘鞋 | 外观检查 | □良好 □破损 | |
| | | 防静电服 | 外观检查 | □良好 □破损 | |

续上表

| 步骤序号 | 实施步骤 | | 实施记录 | 教师审阅 |
|---|---|---|---|---|
| 2 | 胸外心脏按压法 | 按压体位 | 仰卧位于硬质平面上,触电者头、颈、躯干平直无扭曲 | |
| | | 按压部位 | 急救者跪跨在触电者臀部位置,右手放在触电者的胸部胸骨1/3交界处,双乳头与前正中线交界处,掌根所在的位置即为正确挤压区,然后将左手掌压在右手掌上 | |
| | | 按压操作 | 自上向下均衡地用力挤压胸骨下端,使其下陷4cm~5cm | |
| | | 放松操作 | 突然放松挤压,要注意手掌不能离开胸壁,依靠胸部的弹性自动恢复原状 | |
| | | 按压频率 | 至少100次/min | |
| | | 按压、放松时间 | 各占50% | |
| 3 | 口对口人工呼吸 | 清理口腔 | 清除触电者口中的血块、痰液或口沫 | |
| | | 体位 | 平卧在平地或硬板上,采用仰头抬颌法使病人口腔与咽喉成直线 | |
| | | 口对口操作 | 急救者深吸气→捏鼻子→大口地向触电者口中吹气(1s以上),胸廓明显抬起,8~10次/min→松口、松鼻→气体呼出,胸廓回落 | |
| 4 | 作业场地恢复 | 心肺复苏设备恢复 | □是 □否 | |
| | | 清洁、整理场地 | □是 □否 | |

## 任务实施工单

### 触电急救心肺复苏任务实施工单

| 触电急救心肺复苏任务实施工单 实习日期: | | | | | | | |
|---|---|---|---|---|---|---|---|
| 姓名: | | 班级: | | 学号: | | 导师签名: | |
| 自评:□熟练 □不熟练 | | 互评:□熟练 □不熟练 | | 师评:□合格 □不合格 | | | |
| 日期: | | 日期: | | 日期: | | | |
| 【评分细则】 | | | | | | | |
| 序号 | 评分项 | 得分条件 | 分值(分) | 评分要求 | 自评 | 互评 | 师评 |
| 1 | 安全/7S/态度 | □能进行工位7S操作<br>□能进行设备和工具安全检查<br>□能进行工具清洁、校准、存放操作<br>□能进行三不落地操作 | 15 | 未完成1项扣3分,扣分不得超过15分 | □熟练<br>□不熟练 | □熟练<br>□不熟练 | □合格<br>□不合格 |

续上表

| 序号 | 评分项 | 得分条件 | 分值（分） | 评分要求 | 自评 | 互评 | 师评 |
|---|---|---|---|---|---|---|---|
| 2 | 作业准备 | □能够对操作环境进行通风<br>□能够身着工装、绝缘鞋<br>□不佩戴尖锐首饰<br>□能正确检查心肺复苏模拟假人的外观、电量 | 10 | 未完成1项扣3分，扣分不得超过10分 | □熟练<br>□不熟练 | □熟练<br>□不熟练 | □合格<br>□不合格 |
| 3 | 正确拨打急救电话 | □能正确模拟拨出急救电话<br>□能够清晰准确说出事故发生的地点<br>□简单描述触电者情况 | 10 | 未完成1项扣4分，扣分不得超过10分 | □熟练<br>□不熟练 | □熟练<br>□不熟练 | □合格<br>□不合格 |
| 4 | 现场急救 | □能正确确定现场环境是否安全<br>□能够呼叫触电者姓名或轻拍肩膀，判断是否有意识<br>□能够用手触摸触电者颈动脉，判断有无心跳、脉搏<br>□能够模拟说出触电者瞳孔有无放大情况<br>□能够及时清除触电者呼吸道杂物，解开触电者衣领、拉缝等<br>□能够根据胸外心脏按压法正确进行按压<br>□能够根据口对口人工呼吸流程规范操作<br>□规定时间内，一次施救成功 | 50 | 未完成1项扣8分，扣分不得超过50分 | □熟练<br>□不熟练 | □熟练<br>□不熟练 | □合格<br>□不合格 |
| 5 | 作业场地恢复 | □能将心肺复苏模拟器恢复原位<br>□能够清洁场地 | 10 | 未完成1项扣5分，扣分不得超过10分 | □熟练<br>□不熟练 | □熟练<br>□不熟练 | □合格<br>□不合格 |
| 6 | 表单填写报告的撰写能力 | □字迹清晰<br>□语句通顺<br>□无错别字<br>□无涂改<br>□无抄袭 | 5 | 未完成1项扣1分，扣分不得超过5分 | □熟练<br>□不熟练 | □熟练<br>□不熟练 | □合格<br>□不合格 |
| 总分： | | | | | | | |

## 课后巩固提升

1. 将急救流程及操作要点绘制成思维导图。

2. 简述心肺复苏的基本流程。

## 项目测评

### 一、填空题

1. 交流电压小于等于_____V,直流电压小于等于_____V时,不需要采取特殊的防电保护。
2. _____是指人体的任何部位直接触及电源的相线所形成的触电。
3. 若电流超过80mA,被称为_____。
4. 若人员发生触电事故后,往往会失去知觉或者造成_____现象。
5. 当将伤者脱离电源后,应先判断伤者是否存在_____。

### 二、判断题

1. 电击对人体的危害程度,主要取决于通过人体电流的大小和通电时间的长短。（　　）
2. 当人体接触到30V以上的直流电或60V以上的交流电时,人体就有可能会发生触电事故。（　　）
3. 发生单相触电时,作用于人体上的电压等于线电压——380V,这种触电是最危险的。（　　）
4. 实施胸外挤压时,挤压时间要稍短于放松时间。（　　）
5. 交流电压的频率越低,危险性越低。（　　）

### 三、简答题

1. 简述人体的触电方式有哪几种。

2. 简述当有人触电时的基本触电急救流程。

# 项目四
# 新能源汽车高压部件及线束的识别

## 任务一　新能源汽车高压系统常用高压部件识别

### 任务导入

纯电动汽车电压系统分为低压系统和高压系统。低压系统是指由12V低压蓄电池供电的零部件系统。纯电动汽车低压系统一般采用直流12V或24V电源,一方面为灯光、仪表、车身附件等常规低压电器供电,另一方面为整车控制器、高压电气设备的控制电路和辅助部件供电。纯电动汽车的高压系统主要负责车辆的起动、行驶、充放电、空调动力等,并随时检测整个高压系统的绝缘故障、断路故障、接地故障和高压故障等,确保整车设备和人员安全。本任务主要让学生掌握纯电动汽车高压系统常用高压部件、高压配电箱等基本知识,让学生能够识别新能源汽车高压系统常用高压部件。

### 任务目标

▶▶ **知识目标**

1. 能够掌握新能源汽车常用高压部件的组成;
2. 能够描述新能源汽车常用高压部件的基本功能;
3. 能够识别新能源汽车高压系统常用高压部件。

▶▶ **技能目标**

能够对新能源汽车高压系统高压部件进行识别。

▶▶ **素质目标**

1. 遵从7S规范,养成精益求精、追求卓越的工匠精神;
2. 培养沟通、协调、合作的能力,形成良好的工作习惯;
3. 培养敬业精神和服务意识。

## 任务学时

建议学时:4学时

## 任务准备

作为新能源汽车技术专业的学员,要对新能源汽车电路进行检测。首先对新能源汽车(图4-1)电路进行认知。新能源汽车电路主要包括低压电路和高压电路两部分,在识别高低压电路的基础上对其进行检测。纯电动汽车高压系统包括哪些主要部件?如何对纯电动汽车高压系统进行检测?本项目将带领大家学习纯电动汽车高压系统的基本知识。

同学们请根据作业任务对小组成员进行合理分工,完成新能源汽车高压系统常用高压部件的识别工作。

图4-1 比亚迪秦 EV 汽车

**思想启迪**:新能源汽车的电控集成度越来越高,我们很难再看到单独的高压部件,你如何理解集成度越来越高这件事情?

## 任务学习

纯电动汽车高压系统是指纯电动汽车内部电压在 B 级电压以上与动力蓄电池直流母线相连或由动力蓄电池电源驱动的高压驱动零部件系统,纯电动汽车高压系统主要部件包括动力蓄电池、高压配电箱(或高压配电盒等)、驱动电机、电机控制器、DC/DC 变换器和直流充电接口、交流充电接口、高压配电线束、电动空调压缩机线束、PTC 加热器线束等组成,如图4-2 所示。

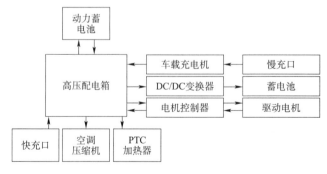

图4-2 电动汽车高压系统

## 一、动力蓄电池

在《电动汽车术语》(GB/T 19596—2017)中,动力蓄电池的定义为:为电动汽车动力系统提供能量的蓄电池。动力蓄电池系统是纯电动汽车中的能源供给装置,给整车所有系统提供能源,比亚迪秦EV刀片电池如图4-3所示。

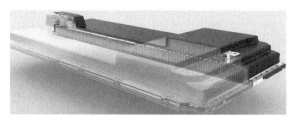

图4-3 比亚迪秦EV刀片电池

## 二、高压配电箱

高压电控系统包括高压配电箱、DC/DC变换器、车载充电机等。高压配电系统是将动力蓄电池的高压电分配给电机控制器、驱动电机、电动空调压缩机、PTC加热器、DC/DC变换器等高压用电设备,同时将交流、直流充电接口高压充电电流分配给动力蓄电池,以便为动力蓄电池充电。

高压配电箱是整车高压电的一个电源分配装置,高压系统中各个组件都需要它进行电量分配,如图4-4所示。高压配电箱跨接在快充口和蓄电池之间,以及动力蓄电池和电机控制器(Motor Control Unit,MCU)之间,对动力蓄电池储存的电能进行输出及分配,实现对用电器件的保护。

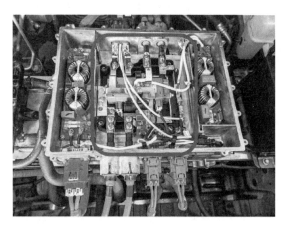

图4-4 比亚迪秦EV高压配电箱

纯电动汽车高压配电箱又称为高压配电盒或高压分配盒,是高压系统分配单元,主要用于完成动力蓄电池电能的输出和分配,实现对支路用电器的保护和切断。纯电动车具有高电压和大电流的特点,通常配备300V以上的高压系统,工作电流可达200A以上,可能危及人身安全和高压零部件的使用安全。因此,在规划和建设高压系统时,不仅要充分满足整车动力驱动要求,还要确保汽车运行安全、驾乘人员安全和汽车运行环境安全。

纯电动汽车高压配电箱的功能是保障整车系统动力电能的传输,是动力蓄电池与各高压设备的电源和信号传递的桥梁,并随时检测整个高压系统的绝缘故障、断路故障、搭铁故障及高压故障等。

受整车布置的影响,越来越多车型趋向于将DC/DC变换器与车载充电机整合为控制器,甚至将高压配电箱、DC/DC变换器与车载充电机整合为三合一控制器,如图4-5所示为比亚迪秦EV三合一控制器。

比亚迪的高压三合一充配电总成,将DC/DC变换器、车载充电机以及高压配电箱(PDU)进行高度集成。整个铝合金箱体设计成正反两面,一侧主要是高压配电部分,而另一侧主要是高压的DC/DC变换器、车载充电机(OBC)等功率电子控制的部分。

### 三、车载充电机

车载充电机是将交流电转为直流电的装置。车载充电机是指固定安装在电动汽车上的充电机,具有安全、自动地为电动汽车动力蓄电池充满电的能力,车载充电机依据蓄电池管理系统(BMS)提供的数据,能动态调节充电电流或电压参数,执行相应的动作,完成充电过程。比亚迪秦EV车载充电机如图4-6所示。

图4-5　比亚迪秦EV三合一控制器　　图4-6　比亚迪秦EV车载充电机

纯电动汽车车载充电机的功能主要有提供直流电源、保护、通信。

1. 提供直流电源

车载充电机最主要的功能是将外部提供的交流电(220V),通过整流、升压转换成动力蓄电池所需的高压直流电,保证车辆正常行驶。此外,在充电过程中,还为低压系统提供低压电源(一般为12V)。

2. 保护

车载充电机提供保护功能,包括过电压、过电流、过温、欠电压等多种保护功能,能够在充电系统出现异常时及时切断供电,在充电完成后自动切断输出。

在充电过程中,充电机能保证动力蓄电池的温度、充电电压和电流不超过允许值,并具有单体蓄电池电压限制功能,自动根据BMS的电池信息动态调整充电电流。自动判断充电连接器、充电电缆是否正确连接。

当充电机与充电桩和蓄电池正确连接后,充电机才能允许启动充电过程;当充电机检测到与充电桩或蓄电池连接不正常时,立即停止充电。充电联锁功能保证充电机与动力蓄电池连接分开以前车辆不能起动;高压互锁功能保证当有危害人身安全的高电压时,模块锁定无输出,具有阻燃功能。

3. 通信

车载充电机的通信系统将充电状态发送给 BMS,BMS 通过通信系统控制车载充电机的工作状态,可以将内部故障信息发送到 CAN 网络。车载充电机通信系统的功能包括与 BMS 通信、与车辆监控系统通信、故障诊断等。

高速 CAN 网络与 BMS 通信的功能,判断蓄电池连接状态是否正确;获得蓄电池系统参数及充电前和充电过程中整组和单体蓄电池的实时数据。可通过高速 CAN 网络与车辆监控系统通信,上传充电机的工作状态、工作参数和故障告警信息,接受启动充电或停止充电控制命令。随着技术进步,车载充电机正在向着双向充放电、智能化、集成化等方向发展。

## 四、驱动电机

电动机驱动系统是电动汽车的心脏。它的作用是在驾驶人的控制下高效率的将动力蓄电池组的能量转化为车轮的动能,或者将车轮上的动能反馈到动力蓄电池组中。电动机驱动系统主要由驱动电机、电机控制器和变速器共同组成。电机控制器将高压直流电转为三相交流电,并与整车控制器及其他模块进行信号交互,实现对驱动电机的有效控制。驱动电机按照电机控制器的指令,将电能转化为机械能,输出给车辆的传动系统,同时也可以将行驶中产生的机械能(制动效能等)转化为电能,通过车载充电机输送给动力蓄电池,如图 4-7 所示。

比亚迪将驱动电机、电机控制器、减速器这三大件集成在一起(图 4-8),使得原本的多模块集成为一个驱动三合一的整体,减少了复杂的机械结构和连接关系,体积和重量都得到很好的控制,整套驱动系统更轻、更紧凑。

图 4-7 比亚迪秦 EV 驱动电机

图 4-8 比亚迪秦 EV 驱动三合一

## 五、电机控制器

电机控制器将高压配电盒的高压直流电转换为三相交流电,提供给驱动电机。驱动电机可以实现电能和机械能的相互转换,如图4-9所示。

## 六、充电接口

充电接口包括直流充电接口和交流充电接口,如图4-10所示。直流充电接口即快充口,快充口的电是高压直流电,可以不经过处理直接通过高压配电箱输送给动力蓄电池进行充电;交流充电接口即慢充口,慢充口的电是高压交流电,需要经过车载充电机单元或车载充电机进行转化,转化后的高压直流电通过高压配电箱给动力蓄电池充电。

图4-9 比亚迪秦EV驱动电机控制器

图4-10 比亚迪秦EV充电接口

## 七、DC/DC变换器

比亚迪秦EV充电接口认知

电源变换器是依靠功率半导体器件将一种电源变换成另一种电源的功率电子电路(电力电子电路)。电源变换器可分为直流/直流(DC/DC)变换器、直流/交流(DC/AC)变换器和交流/直流(AC/DC)变换器。

DC/DC变换器将动蓄电池的高压直流电转化为整车用电器需要的低压直流电,供给蓄电池,以能够保持整车用电平衡。DC/DC变换器是在直流电路中将一个电压值的电能变换为另一个电压值的电能的装置。

DC/DC变换器具有以下功能:

(1)把直流输入电源变换成直流输出电源,向直流电源设备供电。
(2)根据输入电压和负载的扰动,调节直流输出电压。
(3)调节直流电源的输出功率。
(4)隔离输入电源和负载。

DC/DC变换器相当于传统燃油汽车的发电机,它将动力蓄电池的高压直流电转换成12V低压直流电给整车用电设备(灯光、刮水器、仪表等)供电,同时给低压蓄电池充电。

## 八、空调压缩机与暖风系统

纯电动汽车空调压缩机的驱动方式以及暖风产生方式与传统燃油汽车不同。纯电动汽车采用高压电动空调压缩机,由动力蓄电池驱动。其暖风产生方式通常采用电加热方式,电加热方式有两种:一种是通过高压电加热,类似传统燃油汽车暖风系统中的冷却液,再经过循环为暖风水箱提供热量;另一种是直接通过高压电驱动加热器来加热,经过蒸发箱的空气实现暖风。

高压空调压缩机及暖风加热器对于纯电动汽车来说是调节驾驶舱内温度的装置。空调压缩机(图4-11)由电动机驱动,由动力蓄电池的直流高电压供电。空调压缩机的电动机可采用直流电动机,也可以采用三相异步电动机,这相当于在空调压缩机中集成了直流/交流变换器。

高压空调压缩机在运行时,位于压缩机上的高压电缆接口、高压连接电缆以及压缩机本身均具有高电压。

图4-11 比亚迪秦EV空调压缩机

在暖风实现的形式上,纯电动汽车由于没有内燃机的热量来源,因此利用PTC(正温度系数),电加热的方式来产生暖风(图4-12)。PTC意思是正温度系数温度越高电阻越大,泛指正温度系数很大的半导体材料或元器件。电加热的方式有两种:一种是通过高压电加热,类似传统燃油汽车暖风系统中的冷却液,再经过循环为暖风热交换器提供热量;另一种是直接通过高压电驱动加热器来加热,经过蒸发箱的空气实现暖风。

图4-12 比亚迪秦PTC加热装置

> **想一想**
> 
> 比亚迪秦EV三合一控制器与其他纯电动汽车高压系统常用高压部件有哪些不同?

### 想一想

新能源汽车是如何给低压蓄电池充电的?

### 拓展知识

纯电动汽车低压系统是指由 12V 低压蓄电池供电的零部件系统。纯电动汽车低压系统一般采用直流 12V 或 24V 电源。一方面为灯光、仪表、其他车身附件等常规低压电器供电;另一方面为整车控制器、高压电气设备的控制电路和辅助部件供电。

电动汽车与燃油汽车低压系统的主要区别在于燃油汽车的辅助蓄电池由与发动机相连的发电机来充电,电动汽车的辅助蓄电池则由动力蓄电池通过 DC/DC 变换器来充电。

## 任务计划与决策

### 一、新能源汽车高压系统常用高压部件识别前期准备内容

(1)实训车辆检查;
(2)实训车辆拟认知项目;
(3)对纯电动汽车高压系统的基本知识是否熟悉。

### 二、制订新能源汽车高压系统常用高压部件识别的基本操作流程

| 序号 | 步骤 |
| --- | --- |
| 1 | |
| 2 | |
| 3 | |
| 4 | |
| 5 | |
| 6 | |
| 7 | |
| 8 | |
| 9 | |
| 10 | |

项目四　新能源汽车高压部件及线束的识别

## 任务实施

### 一、仪表、工具及设备清单

| 序号 | 名称 | 规格型号 | 数量 | 教师评判 |
|---|---|---|---|---|
|  |  |  |  |  |
|  |  |  |  |  |
|  |  |  |  |  |
|  |  |  |  |  |
|  |  |  |  |  |
| 教师确认： | | | | |

### 二、操作步骤

| 步骤序号 | 实施步骤 | 实施记录 | 教师审阅 |
|---|---|---|---|
| 1 | 动力蓄电池的认知 | 动力蓄电池的功能是_____。  |  |
| 2 | 比亚迪的高压三合一充配电总成的认知 | （1）比亚迪的高压三合一充配电总成的功能是_____。 <br>（2）比亚迪的高压三合一充配电总成插接线连接的部件分别是_____。 |  |
| 3 | 作业场地恢复 | 设备恢复　　□是　□否<br>清洁、整理场地　　□是　□否 |  |

91

## 任务实施工单

### 新能源汽车高压系统常用高压部件识别任务实施工单

| 新能源汽车高压系统常用高压部件识别任务实施工单 | | 实习日期: | |
|---|---|---|---|
| 姓名: | 班级: | 学号: | 导师签名: |
| 自评:□熟练 □不熟练 | 互评:□熟练 □不熟练 | 师评:□合格 □不合格 | |
| 日期: | 日期: | 日期: | |

| 【评分细则】 |||||||||
|---|---|---|---|---|---|---|---|
| 序号 | 评分项 | 得分条件 | 分值(分) | 评分要求 | 自评 | 互评 | 师评 |
| 1 | 知识储备 | □认识电动汽车高压部件<br>□掌握纯电动汽车高压部件的功能 | 10 | 未完成1项扣3分,扣分不得超过10分 | □熟练<br>□不熟练 | □熟练<br>□不熟练 | □合格<br>□不合格 |
| 2 | 技能目标 | □在实车上识别高压部件 | 30 | 未完成1项扣3分,扣分不得超过30分 | □熟练<br>□不熟练 | □熟练<br>□不熟练 | □合格<br>□不合格 |
| 3 | 任务完成质量 | □高压防护作业符合要求<br>□高压部件认知<br>□高压部件功能 | 30 | 未完成1项扣4分,扣分不得超过30分 | □熟练<br>□不熟练 | □熟练<br>□不熟练 | □合格<br>□不合格 |
| 4 | 安全文明操作 | □遵守操作规程,养成严谨科学的工作态度<br>□尊重他人劳动,不窃取他人成果<br>□规范操作,安全生产<br>□严格执行5S现场管理 | 30 | 未完成1项扣8分,扣分不得超过30分 | □熟练<br>□不熟练 | □熟练<br>□不熟练 | □合格<br>□不合格 |
| 总分: |||||||

## 课后巩固提升

1. 简述比亚迪秦有哪些高压部件。

2. 绘制比亚迪秦的高压部件连接示意图。

## 任务二　新能源汽车高压线束的识别

### 任务导入

纯电动汽车的电驱动系统给汽车维修人员的操作带来一些技术挑战。其中之一是高压电路,部分纯电动汽车甚至有600V或以上电压的电路。须知高压电流对维修人员生命安全的威胁通常是无影无踪、悄无声息的。

传统燃油汽车线路一般采用单线制、用电设备并联、负极搭铁、线路用颜色和编号加以区分,并以点火开关为中心将全车电路分成几条主干线。新能源汽车的线束与传统燃油汽车相比有什么特点呢?通过本任务的学习,我们应学会认识比亚迪EV整车高压线束的布局,并掌握高压线束的插拔方法。

### 任务目标

▶ **知识目标**

能够识别高压部件连接线束。

▶ **技能目标**

掌握高压线束的拔插方法。

▶ **素质目标**

1. 遵从7S规范,养成精益求精、追求卓越的工匠精神;
2. 培养沟通、协调、合作的能力,形成良好的工作习惯;
3. 培养敬业精神和服务意识。

### 任务学时

建议学时:4学时

### 任务准备

作为新能源汽车维修专业的学员,要对新能源汽车电路进行检修。如何对纯电动汽车高压线束进行识别?本项目将带领大家学习纯电动汽车高压线束的识别技巧。

**思想启迪**:新能源汽车的高压系统电压很高,达到几百伏,在设计线束的过程中,如何避免高压电流对操作人员的安全威胁呢?

## 任务学习

### 一、整车高压线束

高压线束是纯电动汽车上的连接器,在整个汽车运行中是非常关键的连接件。高压线束的隐患主要是过热或燃烧,恶劣环境对高压线束还有屏蔽性能、进水和进尘的风险等,如图 4-13、图 4-14 所示。高压线束还需要考虑与整车电气系统的磁兼容性。

图 4-13　比亚迪秦 EV 部分高压线束(1)

图 4-14　比亚迪秦 EV 部分高压线束(2)

纯电动汽车上的所有高压线束都采用橙色,用于与低压系统的黑色线束区分。高压线束的插座一般也采用橙色。

比亚迪秦 EV 高压线束布局结构如图 4-15 所示。

比亚迪秦 EV 高压警告标记识别

**1. 动力蓄电池高压线束**

动力蓄电池高压线束又称高压直流母线,是连接动力蓄电池到车载三合一中高压配电箱之间的电缆,如图 4-16 所示,主要承担动力蓄电池输出的高压直流电。

**2. 电机控制器线束**

电机控制器线束是连接三合一到电机控制器之间的线束,如图 4-17 所示,从高压配电箱引出连接电机控制器。

**3. 高压附件线束**

高压附件线束是连接高压配电箱到空调压缩机、空调 PTC 之间的线束,如图 4-18 所示。

**4. 慢充线束**

慢充线束是连接慢充口到车载充电机之间的线束,如图 4-19 所示。

图 4-15　比亚迪秦 EV 高压线束

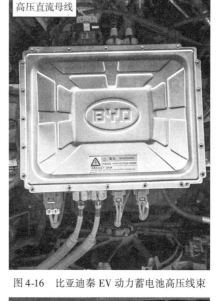
图 4-16　比亚迪秦 EV 动力蓄电池高压线束

图 4-17　比亚迪秦 EV 电机控制器线束

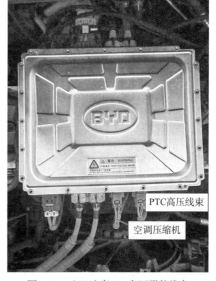
图 4-18　比亚迪秦 EV 高压附件线束

5. 快充线束

快充线束(直流充电线束)是连接车辆快充口和动力蓄电池之间的线束,如图 4-20 所示。

6. 高压连接器

高压连接器是一种借助于电信号或机械力的作用使电路接通、断开的功能性元件,由固定端电连接器、自由端电连接器组成。

在纯电动汽车高压回路中,高压连接器是实现高压互锁功能的主要元件。高压互锁是指通过检测高压系统连接位置的连接状态,识别异常情况,然后控制系统断开动力蓄电池的高压电源,防止人员受到电击伤害的措施。

图4-19 比亚迪秦EV慢充线束

图4-20 比亚迪秦EV快充线束

📖 **想一想**

各充电线束的作用是什么？在实车上找到其安装位置。

## 二、整车高压线束插拔方法（以比亚迪秦EV为例）

高压线束接插件插拔方法之一，图4-21所示此种接插件的插拔方法如下：

（1）用手或起子轻撬助力手柄锁扣。

（2）将助力手柄脱出锁头，然后缓慢向上抬高助力手柄，接插件会慢慢退出。

（3）当助力手柄由水平位置变到垂直位置时，接插件已全部处于拔出状态。

（4）插接高压插件和拔出高压插件顺序相反。

高压线束接插件插拔方法之二，图4-22所示此种接插件的插拔方法如下：

（1）按住图示位置1后，将接插件往里插，听到"咔"的响声后停止。

（2）按住图示位置1后，将接插件往外拔，直到拔出为止。

图4-21 比亚迪秦EV高压接插件（1）

(3)插接高压插件和拔出高压插件顺序相反。

图4-22 比亚迪秦EV高压接插件(2)

### 拓展知识

维修纯电动汽车高压系统时,必须设置专职监护人一名,监护人工作职责为监督维修牌等是否符合要求。监护人监督维修人员资质、工具使用、防护用品佩戴、安全保护、维修安全警示。监护人对维修过程中的安全维修操作规程进行检查,按安全维修操作规程指挥操作。维修人员在做完一个操作后告知监护人,监护人在作业流程单上作标记。监护人及维修人员必须具备国家认可的特种作业操作证(电工)与初级(含)以上电工证。监护人及维修人员必须经过专业的纯电动汽车车型培训,并通过考核。

有的车型上配有维修开关(图4-23),当高压系统需要维修时,使用维修开关进行整车高压电的切断,确保维修安全。维修开关介于动力蓄电池和高压配电箱之间,当维修动力蓄电池时,使用它可以进行整车高压电的切断,确保维修安全。

图4-23 维修开关

### 任务计划与决策

#### 一、新能源汽车高压线束接插件拔插前期准备内容

(1)实训车辆检查;
(2)实训车辆拟认知项目;
(3)对纯电动汽车高压系统的基本知识是否熟悉。

#### 二、制订新能源汽车高压线束接插件拔插的基本操作流程

| 序号 | 步骤 |
| --- | --- |
| 1 |  |
| 2 |  |

续上表

| 序号 | 步骤 |
|---|---|
| 3 | |
| 4 | |
| 5 | |
| 6 | |
| 7 | |
| 8 | |
| 9 | |
| 10 | |

## 任务实施

### 一、仪表、工具及设备清单

| 序号 | 名称 | 规格型号 | 数量 | 教师评判 |
|---|---|---|---|---|
| | | | | |
| | | | | |
| | | | | |
| | | | | |
| | | | | |

教师确认:

### 二、操作步骤

| 步骤序号 | 实施步骤 | 实施记录 | 教师审阅 |
|---|---|---|---|
| 1 | 安全防护 | (1)绝缘安全帽:外观检查;<br>(2)护目镜:外观检查;<br>(3)高压绝缘手套:外观检查、最高使用电压(V)、气密性检查;<br>(4)绝缘鞋:外观检查 | |
| 2 | 第一种类型的接插件拔插 | (1)用手或起子轻撬助力手柄锁扣;<br>(2)将助力手柄脱出锁头,然后缓慢向上抬高助力手柄,接插件会慢慢退出;<br>(3)当助力手柄由水平位置变到垂直位置时,接插件已全部处于拔出状态;<br>(4)插接高压插件和拔出高压插件顺序相反 | |

续上表

| 步骤序号 | 实施步骤 | 实施记录 | | 教师审阅 |
|---|---|---|---|---|
| 3 | 第二种类型的接插件拔插 | (1)按照正确的方法,将接插件往里插,听到"咔"的响声后停止;<br>(2)按照正确的方法,将接插件往外拔,直到拔出为止 | | |
| 4 | 作业场地恢复 | 设备恢复 | □是　□否 | |
| | | 清洁、整理场地 | □是　□否 | |

## 任务实施工单

**新能源汽车高压线束接插件拔插任务实施工单**

| 新能源汽车高压线束接插件拔插任务实施工单　实习日期: | | | |
|---|---|---|---|
| 姓名: | 班级: | 学号: | 导师签名: |
| 自评:□熟练　□不熟练 | 互评:□熟练　□不熟练 | 师评:□合格　□不合格 | |
| 日期: | 日期: | 日期: | |

【评分细则】

| 序号 | 评分项 | 得分条件 | 分值(分) | 评分要求 | 自评 | 互评 | 师评 |
|---|---|---|---|---|---|---|---|
| 1 | 知识准备 | □认知整车高压线束的布局 | 10 | 未完成1项扣3分,扣分不得超过10分 | □熟练<br>□不熟练 | □熟练<br>□不熟练 | □合格<br>□不合格 |
| 2 | 技能目标 | □识别各高压部件连接线束<br>□掌握高压线束的插拔方法 | 30 | 未完成1项扣3分,扣分不得超过30分 | □熟练<br>□不熟练 | □熟练<br>□不熟练 | □合格<br>□不合格 |
| 3 | 任务完成质量 | □高压防护作业符合要求<br>□识别各高压部件连接线束<br>□掌握高压线束的插拔方法 | 30 | 未完成1项扣4分,扣分不得超过30分 | □熟练<br>□不熟练 | □熟练<br>□不熟练 | □合格<br>□不合格 |
| 4 | 安全文明操作 | □遵守操作规程,养成严谨科学的工作态度<br>□尊重他人劳动,不窃取他人成果<br>□规范操作,安全生产<br>□严格执行5S现场管理 | 30 | 未完成1项扣8分,扣分不得超过30分 | □熟练<br>□不熟练 | □熟练<br>□不熟练 | □合格<br>□不合格 |
| 总分: | | | | | | | |

## 课后巩固提升

1. 简述比亚迪秦 EV 高压线束有哪些。

2. 简述比亚迪秦 EV 高压线束拔插时的注意事项。

## 项目测评

### 一、填空题

1. 纯电动汽车的电压系统主要分为_____和_____。
2. 动力蓄电池的功用为_____。
3. 高压配电系统是将动力蓄电池的高压电分配给_____、_____、电动空调压缩机、PTC 加热器、_____等高压用电设备。同时将交流、直流充电接口高压充电电流分配给_____,以便为动力蓄电池充电。
4. 熔断器类型有交流和直流之分,交流类型的熔断器应用于工业配电系统。车载的锂离子蓄电池、储能电容、驱动电机和电控线路均属于_____系统。

### 二、简答题

1. 简述高压配电箱的工作原理。

2. 简述 DC/DC 变换器的功能。

3. 新能源汽车高压系统部件检测过程中的注意事项。

# 项目五 新能源汽车高压安全防护

## 任务一 新能源汽车高压区域防护措施

### 任务导入

新能源汽车的主要高压部件集中在动力蓄电池、驱动电机、驱动电机控制器、DC/DC 变换器、高压分配盒、空调压缩机、PTC 加热器、车载充电机、高压导线等高压相关部件,在维修新能源汽车高压系统或部件时,有可能发生触电风险,所以需要做好个人安全防护。

### 任务目标

▶ **知识目标**
1. 能够描述个人安全防护用具的作用及种类;
2. 能够描述防护用具的检查方法。

▶ **技能目标**
1. 能够正确佩戴安全帽;
2. 能够规范检查及佩戴绝缘手套;
3. 能够正确穿戴绝缘胶鞋。

▶ **素质目标**
1. 具有良好的自我管理能力和自主学习能力;
2. 具有日乾夕惕的安全意识。

### 任务学时

建议学时:4 学时

### 任务准备

你作为新能源汽车 4S 店的维修人员,现需要你对新员工进行高压安全个人防护措施培训,你能否完成这个任务?

**思想启迪**:如何理解"侥幸万事空,实干万事成"?

## 任务学习

### 一、高压区域防护用具的作用及种类

对新能源汽车的非高压部件进行维修时,不需要专业的安全防护措施。对高压系统中的高压部件进行维修时,就必须穿用特殊防护工具,并采取特殊的高压安全防护措施。

1. 高压区域防护用具的作用

通常当人体接触到25V以上的交流电或60V以上的直流电时,人体就有可能发生触电事故。如前所述,新能源汽车上很多部件都具有高电压。虽然现有新能源汽车都采取了很好的车辆自身高压防护措施以防止意外触电,但是新能源汽车上高压动力蓄电池组的高压电是始终存在的,故仍存在高压触电的风险,高压防护用具可以降低或者减少高压系统部件对汽车维护或维修人员的电击伤害。

2. 高压区域防护用具的分类

新能源汽车常用的个人高压防护用具包括绝缘手套、绝缘鞋、护目镜、安全帽和绝缘防护服(非化纤材质的衣服)等。进行电气作业时应使用绝缘胶布覆盖所有的高压电线或端子。在新能源车辆维修开关(维修塞)被拔出后,应使用绝缘胶布包住维修塞槽。

1)绝缘手套

绝缘手套是指在高压电气设备上进行带电作业时,起电气绝缘作用的一种天然橡胶手套。用绝缘橡胶或乳胶经压片、模压、硫化或浸模成型的五指手套主要用于电工作业,其主要作用如下。

(1)防止高压电的伤害;

(2)防止电磁与电离辐射的伤害;

(3)防止化学物质的伤害;

(4)防止撞击、切割、擦伤、微生物侵害以及感染。

绝缘手套的检查

绝缘手套要求具有良好的电气性能(至少应该能防 1kV 以上的高压)、较高的机械性能及良好的耐老性和耐热性能。在新能源车辆维修过程中,当进行任何有关高压部件或线路的操作时必须佩戴橡胶制成的绝缘手套,如图 5-1 所示。

根据相关规定,绝缘手套上必须有明显且持久的标记,如图 5-1 所示,内容包括标记符号、使用电压等级/类别、制造单位或商标、规格型号、周期试验日期栏、检验合格印章、贴有经试验单位定期试验的合格证等信息。绝缘手套按照不同电压等级可分为多个级别,如

表 5-1 所示,在进行新能源汽车维修作业时,选用级别为 0 的绝缘手套即可满足要求。

图 5-1　绝缘手套

绝缘手套等级　　　　　　　　　　　表 5-1

| 级别 | AC(V) | 颜色 |
| --- | --- | --- |
| 0 | 380 | 红色 |
| 1 | 3000 | 白色 |
| 2 | 10000 | 黄色 |
| 3 | 20000 | 绿色 |
| 4 | 35000 | 橙色 |

注:在三相系统中电压指的是线电压。

2)绝缘鞋

绝缘鞋的作用是使人体与地面绝缘,防止电流通过人体与大地之间构成通路,对人体造成电击伤害,把触电时的危险降到最小程度。它还能防止试验电压范围内的跨步电压对人体产生危害。因此,进行新能源汽车维修作业时,不仅要戴绝缘手套,还要穿绝缘鞋,如图 5-2 所示。

绝缘鞋根据《足部防护　安全鞋》(GB 21148—2020)标准进行生产,电阻值范围为 100kΩ～1000MΩ,绝缘鞋应具有透气性能好、防静电、耐磨、防滑等功能。绝缘鞋按电压等级一般可以分为 6kV 绝缘靴、20kV 绝缘靴、25kV 绝缘靴和 35kV 绝缘靴,以适应不同电压等级的环境。

图 5-2　绝缘鞋

3)护目镜

新能源汽车维修过程中有可能出现电池液的飞溅,为了防止电池液溅入眼睛,维修人员必须佩戴护目镜,如图 5-3 所示。新能源汽车高压电维修用的护目镜应该具有侧面防护功能,防止维修过程中产生的电火花对眼睛的伤害。

护目镜的外观检查

4)安全帽

安全帽的主要作用是防止头部触电或发生磕碰,在新能源汽车举升工位下方进行作业时,维修人员必须佩戴相应标准的电绝缘安全帽,安全帽如图 5-4 所示。

图5-3　护目镜　　　　图5-4　安全帽

安全帽的外观检查

5）绝缘防护服

维修新能源汽车高电压系统时,必须穿绝缘防护服(非化纤材质的衣服),如图5-5所示。绝缘防护服可防10000V以下电压,阻燃、耐热、耐压、耐老化,以保护操作人员工作的安全。化纤类的工作服主要会产生静电,并且当发生火灾事故时,化纤会在高温环境下粘连人体皮肤,导致操作人员产生严重的二次伤害。

图5-5　绝缘防护服

## 二、高压区域防护措施

1. 绝缘手套使用规范

(1)每次使用前,应检查绝缘手套在有效预防性试验周期内且外观完好;

(2)绝缘手套使用前应先进行外观检查,外表应无磨损、破漏、划痕等;

(3)绝缘手套使用前要进行漏气检查,检查方法为将手套朝手指方向卷起,当卷到一定程度时,手指若鼓起,不漏气者,即为良好,如图5-6所示;

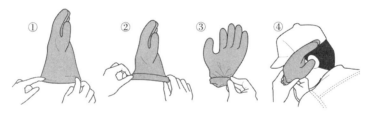

图5-6　绝缘手套漏气检查

(4)将衣袖口套入手套筒口内,同时注意防止尖锐物体刺破手套;

(5)如一双手套中的一只可能不安全,则这双手套不能使用;

(6)使用最佳温度范围为-25~55℃;

(7)绝缘手套使用后应进行清洁、擦净、晾干,并应检查外表良好;

(8)手套被弄脏时,应用肥皂和水清洗,彻底干燥后涂上滑石粉,避免粘连,及时存放在工具室;

(9)绝缘手套应架在支架上或悬挂起来,不得贴墙放置;

(10)绝缘手套应每月进行一次外观检查,做好检查和使用记录。

2. 绝缘鞋使用规范

(1)绝缘鞋适宜在交流50Hz、1000V以下,或直流1500V以下的电力设备上工作时,作为安全辅助用具使用;

(2)绝缘鞋不能受潮,受潮后严禁使用,一旦受潮,应放在通风透气的阴凉处自然风干,以免变形受损,鞋底被异物刺穿后,不能做绝缘鞋使用;

(3)注意绝缘鞋的皮面保养,勤擦鞋油,擦拭方式为先用干净软布把鞋表面的灰尘擦去,然后将鞋油挤在布上,并均匀涂在鞋面上,待鞋油略干后再擦拭;

(4)绝缘鞋不宜在雨天穿,更不宜用水洗,否则容易发生断线、脱胶、脱色和泛盐霜等现象;

(5)绝缘鞋不能与油类、酸性、碱性及尖锐物体等接触,以防腐蚀、变形和受损;

(6)彩色绝缘鞋(包括白色)在穿着中尤其应注意,不能碰到污水、污物、茶渍和可乐等,否则会留下污渍,使原色受损;

(7)绝缘鞋穿着后出现轻微褶皱、轻微变形等属正常现象;

(8)绝缘鞋出现泛盐霜现象时,可用纱布或棉花蘸少量温水擦净,再把鞋放在通风处晾干,最后用鞋油擦拭,反复数次即可恢复原状;

(9)绝缘鞋存放时,应保持整洁、干燥,并擦好鞋油,自然平放,存放一段时间后(特别是雨季),要通风干燥,并重新擦拭鞋油以防变霉。

3. 护目镜使用规范

(1)检查镜片是否容易脱落;

(2)透镜表面应充分研磨,不得有用肉眼可以看出的伤痕、纹理、气泡和异物等;

(3)戴上透镜时,影像应绝对清晰,不得模糊不清;

(4)所选择的护目镜产品需要经过国家级检测并达到其标准才能使用;

(5)所选用的护目镜大小及型号要尽量适合使用者的脸型;

(6)护目镜镜片使用时要注意专人专用,禁止交换使用,防止因护目镜大小而产生意外情况;

(7)与液体飞溅应及时清洁,避免使用不当造成护目镜损坏;

(8)护目镜使用时间过长或使用不当,会造成镜片粗糙及损坏,留下刮痕后的镜片会影响佩戴者的视线,达不到佩戴安全标准需要及时进行调换;

(9)护目镜禁止重压,在保存时尽量远离坚固物体,防止对镜片造成损坏;

(10)在清洗护目镜时,需要使用柔软的专业擦拭布进行清理,并放于眼镜盒或安全的地方。

4. 安全帽使用规范

(1)戴安全帽前应将帽后调整带按自己头型调整到合适的位置;

(2)不要把安全帽歪戴,也不要把帽檐戴在脑后方,否则会削弱安全帽对冲击的防护作用;

(3)安全帽的下颌带必须扣在颌下并系牢,松紧要适度;

(4)安全帽顶部除在帽体内安装帽衬外,还开有通风小孔,使用时不要为了透气而随便再开孔,否则会使帽体的强度降低;

(5)安全帽要定期检查有无龟裂、下凹、裂痕和磨损等情况,发现异常现象要立即更换,不得继续使用,任何受过重击、有裂痕的安全帽,不管有无损坏均应报废;

(6)安全帽不宜长时间在阳光下暴晒。

5.绝缘防护服使用规范

(1)绝缘防护服使用前应进行全面检查,发现损坏不得使用;

(2)绝缘防护服不宜接触明火以及尖锐物体;

(3)绝缘防护服应保存在通风、透气、干燥、清洁的库房内;

(4)绝缘防护服水洗后,必须阴处晾干,折叠整齐,放入专门的保管袋内。

### 想一想

穿戴高压安全防护用具时的注意事项有哪些?

## 任务计划与决策

### 一、检查高压安全防护用具

(1)高压安全防护用具种类检查;

(2)高压防护用具外观检查。

### 二、制订高压安全防护用具规范使用培训流程

| 序号 | 步骤 |
| --- | --- |
| 1 |  |
| 2 |  |
| 3 |  |
| 4 |  |
| 5 |  |
| 6 |  |
| 7 |  |
| 8 |  |
| 9 |  |
| 10 |  |

## 任务实施

### 一、高压防护用具清单

| 高压安全防护用具 | 作用 | 规格型号 | 数量 | 教师评判 |
|---|---|---|---|---|
|  |  |  |  |  |
|  |  |  |  |  |
|  |  |  |  |  |
|  |  |  |  |  |
|  |  |  |  |  |

教师确认：

### 二、操作步骤

| 步骤序号 | 实施步骤 | 实施记录 | 教师审阅 |
|---|---|---|---|
| 外观检查 | 检查绝缘防护服表面是否完好无损 | □是 □否<br>若绝缘服表面不是完好无损，或者有深度划痕和磨损、厚度不均匀、有明显小孔，均需要更换绝缘服 |  |
|  | 检查安全帽的外观是否完好无损 | □是 □否<br>若安全帽有裂纹、碰伤痕、凹凸不平、磨损、帽衬不完整、帽衬的结构未处于正常状态，则需要更换安全帽 |  |
|  | 检查绝缘手套外表是否完好无损 | □是 □否<br>若绝缘手套外观有磨损、破漏、划痕，或者未贴合格证，则需要更换绝缘手套 |  |
|  | 检查护目镜是否有裂痕 | □是 □否<br>若有裂痕则需要更换 |  |
|  | 检查绝缘鞋外表面是否完好无损 | □是 □否<br>若绝缘鞋表面有刻痕、切割、磨损或化学污染，则需要更换绝缘鞋 |  |
| 穿戴防护用具 | 脱掉自己的鞋子 | □是 □否 |  |
|  | 正确穿戴绝缘防护服 | □是 □否 |  |
|  | 戴口罩 | □是 □否 |  |
|  | 佩戴护目镜 | □是 □否 |  |
|  | 戴上防护服帽子 | □是 □否 |  |
|  | 正确佩戴安全帽 | □是 □否 |  |
|  | 戴上绝缘手套 | □是 □否 |  |

## 任务实施工单

### 新能源汽车高压区域防护措施实施工单

| 新能源汽车高压区域防护措施实施工单 实习日期: | | | | | | |
|---|---|---|---|---|---|---|
| 姓名: | | 班级: | 学号: | | 导师签名: | |
| 自评:□熟练 □不熟练 日期: | | 互评:□熟练 □不熟练 日期: | 师评:□合格 □不合格 日期: | | | |
| 【评分细则】 | | | | | | |
| 序号 | 评分项 | 得分条件 | 分值（分） | 评分要求 | 自评 | 互评 | 师评 |
| 1 | 安全/7S/态度 | □能进行工位7S操作<br>□能进行设备和工具安全检查<br>□能进行工具清洁、校准、存放操作<br>□能进行三不落地操作 | 15 | 未完成1项扣3分,扣分不得超过15分 | □熟练<br>□不熟练 | □熟练<br>□不熟练 | □合格<br>□不合格 |
| 2 | 作业准备 | □能够对操作环境进行通风<br>□能够对防护用具进行外观检查<br>□不佩戴尖锐首饰 | 10 | 未完成1项扣3分,扣分不得超过10分 | □熟练<br>□不熟练 | □熟练<br>□不熟练 | □合格<br>□不合格 |
| 3 | 安全防护用具外观检查 | □能正确选择合适的安全防护用具<br>□能对安全防护用具进行外观检查 | 10 | 未完成1项扣4分,扣分不得超过10分 | □熟练<br>□不熟练 | □熟练<br>□不熟练 | □合格<br>□不合格 |
| 4 | 安全防护用具规范使用 | □能正确检查并佩戴绝缘手套<br>□能够正确检查并穿戴绝缘鞋<br>□能够正确检查并佩戴护目镜<br>□能够正确检查并佩戴安全帽<br>□能够正确检查并佩戴绝缘防护服 | 50 | 未完成1项扣8分,扣分不得超过50分 | □熟练<br>□不熟练 | □熟练<br>□不熟练 | □合格<br>□不合格 |
| 5 | 作业场地恢复 | □能将安全防护用具恢复原位<br>□能够清洁场地 | 10 | 未完成1项扣5分,扣分不得超过10分 | □熟练<br>□不熟练 | □熟练<br>□不熟练 | □合格<br>□不合格 |
| 6 | 表单填写报告的撰写能力 | □字迹清晰<br>□语句通顺<br>□无错别字<br>□无涂改<br>□无抄袭 | 5 | 未完成1项扣1分,扣分不得超过5分 | □熟练<br>□不熟练 | □熟练<br>□不熟练 | □合格<br>□不合格 |
| 总分: | | | | | | |

## 课后巩固提升

1. 在进行安全帽佩戴时,需要注意哪些问题?

2. 总结新能源汽车高压区域防护措施。

## 任务二 维修车间安全防护措施

### 任务导入

新能源汽车的三电系统及其高压部件存在高电压,因此,在场地规划、建设、维修作业要求方面,新能源汽车的维修车间比传统燃油汽车的维修车间要求更高。

### 任务目标

▶▶ 知识目标
1. 能够描述新能源汽车维修专用车间安全防护要求;
2. 能够描述新能源汽车维修车间防护设施。

▶▶ 技能目标
1. 能够规范进行车间高压安全防护;
2. 能够规范布置新能源汽车维修工位。

▶▶ 素质目标
1. 遵从7S规范,养成精益求精、追求卓越的工匠精神;
2. 具有良好的职业素养和严谨、扎实的工作作风;
3. 具有日乾夕惕的安全意识。

### 任务学时

建议学时:4 学时

### 任务准备

你作为比亚迪4S店维修车间工作人员,现在需要你布置一个新能源汽车维修工位,你能否完成这个任务?

**思想启迪**:你如何看待新能源汽车维修车间出现的安全事故?

## 任务学习

### 一、新能源汽车维修场地要求与设施要求

新能源汽车维修车间有高压电安全风险,必须加强安全管理,杜绝高压安全事故的发生,如图5-7所示。

1. 使用面积

新能源汽车维修车间的面积根据实际要求确定,并符合国家相关规定。

2. 采光

明亮的车间可以让车辆维修人员更加清晰地观察到周围的部件及物体,避免因为视线不好触碰到高压而发生危险,同时也有利于其他人员及时观察到可能存在的隐患。

图5-7 新能源汽车维修车间

维修车间的采光应按照《建筑采光设计标准》(GB 50033—2013)的有关规定,采光设计应注意光电方向性,避免对工作产生遮挡和不利的阴影。对于需要识别颜色的场所,应采用不改变自然光光色的采光材料。

3. 照明

当天然光线不足时,应配置人工照明,人工照明光源应选择接近天然光色温的光源。

维修车间的照明要求应符合《建筑照明设计标准》(GB 50034—2013)的有关规定。进行精细操作(划线、金属精加工、间隙调整等)的工作台、仪器、设备等的工作区域的照度不应低于500lx。照度不足时应增加局部补充照明,补充照明不应产生有害眩光。

#### 4. 干燥

干燥是为了降低维修区域人员的触电风险。当湿度增加时,人体和空气的绝缘电阻就会增加,那么在相同的电压下,人体触电的风险也会增加。因此,新能源汽车维修车间必须保持干燥。

#### 5. 通风

通风有利在维修车辆器件产生的有害物的排出,在发生触电事故的情况下,通风的环境有利于伤者呼吸到更多的氧气。

通风应符合《建筑设计防火规范(2018年版)》(GB 50016—2014)和工业企业通风的有关要求。

#### 6. 防火

防火:防止发生火灾。应符合《建筑设计防火规范(2018年版)》(GB 50016—2014)中有关厂房、仓库防火的规定以及《汽车库、修车库、停车场设计防火规范》(GB 50067—2014)的有关规定。维修车间内要保持环境清洁,各种物料远离热源、不得私接乱拉电源、电线,注意室内通风,并保持车间内防火通道的畅通。在维修车间内,消防器材及设施必须由专人负责,定点放置,定期检查,保证完好不效,随时可用。每次维修作业结束后,应检查车间内所有阀门、开关、电源是否断开,确认安全无误后方可离开。

#### 7. 卫生

卫生应符合《工业企业设计卫生标准》(GBZ 1—2010)、《生产过程安全卫生要求总则》(GB/T 12801—2008)的有关要求。维修车间要保持整洁、干净、有序。在维修车间内,员工随时对自己负责区域进行日常清洁、整理归位;维修车间负责人指挥、协调、监督,并进行检查和考核。

### 二、维修工位布置要求

新能源汽车维修工位的布置应满足以下要求:
(1)专用的维修工位。
(2)清洁、干燥,通风良好。
(3)维修作业前应设置安全隔离警示。
(4)维修工位上必须配有防护用具。
(5)避免无关人员靠近。

### 三、车间安全防护设备

新能源汽车常用的车间防护设备主要有防静电工作台、绝缘胶垫、灭火器、隔离带、车间警示标志等。

#### 1. 防静电工作台

防静电工作台是操作台的一种,主要适用于电子行业和对静电有严格要求的地方,通过使用防静电工作台能够保证静电敏感元器件的安全性。防静电工作台如图5-8所示,在对新能源汽车电子部件或总成进行检测时,防静电工作台可防止静电击穿电力电子元器件。

2. 绝缘胶垫

绝缘胶垫又称绝缘毯、绝缘垫、绝缘胶皮、绝缘垫片等,如图 5-9 所示。绝缘胶垫具有较大体积的电阻率,耐电击穿,用于配电等工作场合的台面或铺地绝缘材料,能起到较好的绝缘效果。目前很多车企要求在进行新能源汽车维修时,必须铺设绝缘胶垫保障维修人员安全。

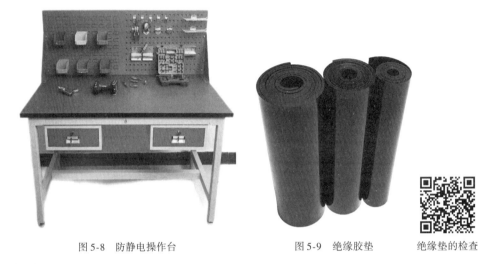

图 5-8　防静电操作台　　　　　图 5-9　绝缘胶垫　　　绝缘垫的检查

3. 灭火器

灭火器的种类很多,按所充装灭火剂的不同可分为干粉灭火器、泡沫灭火器和二氧化碳灭火器。

(1) 干粉灭火器。干粉灭火器内充装的是干粉灭火剂,干粉灭火剂是用于灭火的干燥且易于流动的微细粉末,由具有灭火效能的无机盐和少量的添加剂经干燥、粉碎、混合而成。干粉灭火器使用方便、有效期长,一般家庭使用的灭火器都是这一类型,如图 5-10 所示。它适用于扑救各种易燃、可燃液体和易燃、可燃气体火灾,以及电气设备火灾。

灭火器的检查

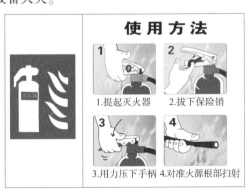

图 5-10　干粉灭火器

(2) 泡沫灭火器。泡沫灭火器内有两个容器,分别盛放两种液体,它们是硫酸铝和碳酸氢钠溶液,两种溶液互不接触,不发生任何化学反应(平时千万不能碰倒泡沫灭火器)。当需要泡沫灭火器时,把灭火器倒立,两种溶液混合在一起,就会产生大量的二氧化碳气体。除了两种反应物外,灭火器中还加入了一些发泡剂。打开开关,泡沫从灭火器中喷出,覆盖在燃烧物品上,使燃着的物质与空气隔离,并降低温度,达到灭火的目的,如图5-11所示。

泡沫灭火器适用于扑灭各种油类火灾和木材、纤维、橡胶等固体可燃物火灾。

(3)二氧化碳灭火器。二氧化碳灭火器瓶体内储存液态二氧化碳,工作时压下瓶阀的压把,内部的二氧化碳灭火剂便由吸管经过瓶阀到喷筒喷出,使燃烧区氧气的浓度迅速降低,当二氧化碳达到足够浓度时火焰会熄灭。同时由于液态二氧化碳会迅速气化,在很短的时间内吸收大量的热量,因此,对燃烧物起到一定的冷却作用,也有助于灭火。二氧化碳灭火器如图5-12所示。

图5-11　泡沫灭火器　　图5-12　二氧化碳灭火器

### 温馨提示

二氧化碳灭火器灭火性能高、毒性低、腐蚀性小、灭火后不留痕迹,使用比较方便,它适用于各种易燃、可燃液体和可燃气体火灾,还可补救仪表仪器、图书档案和低压电气设备以及600V以下的电气初期火灾。

当新能源汽车发生火灾时,如果火势处于初起阶段,且有被困人员时,可使用干粉灭火器对火势进行压制;当无被困人员时,可使用干粉灭火器或二氧化碳灭火器对火势进行压制。

4.隔离带

隔离带将新能源汽车高压电气系统的作业场地隔离,防止其他人员随意出入,起到隔离和警示的作用,如图5-13所示。

5.车间警示标志

车间警示标志如图5-14所示,提醒维修人员注意电气设备高压危险。

## 四、新能源汽车维修车间安全管理

新能源汽车维修车间安全管理除了普通车间的安全要求外,必须注意以下事项:

图 5-13　隔离带

图 5-14　车间警示标识

（1）作为高电压车辆的维修，对于维修工位很多厂商有特别的要求，例如比亚迪汽车要求维修其新能源汽车必须具有单独的维修工位，该工位的设备采用特殊的颜色与其他工位进行区别，如图 5-15 所示。

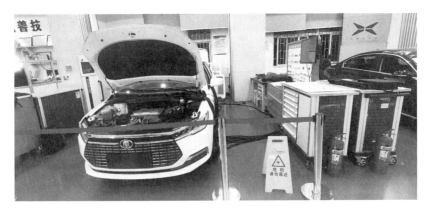

图 5-15　工位布置

（2）当工位上有高电压车辆进行维修时，要求在工位周围必须布置有明显的警示标识，避免他人未经允许进入高电压工位而发生危险，如图 5-16 所示。

（3）在修车辆停放在生产车间内，待修及竣工车辆应移出生产车间。

（4）维修竣工后，各工位应及时清理和清扫场地，切断设备电源，关闭总电源。

（5）应设立废油、废液、废蓄电池、废轮胎及垃圾等有害物质的集中收集地点，其存储区域应该有隔离、控制措施。

（6）电源线路及用电设备设施应符合有关规定，电路配备三相电压，在校正工位附近设置配电箱，不小于60A电流。每个工位设置两个三孔的插座，接地良好。

（7）车间必须使用防爆顶灯，工作手电使用冷光源。

图5-16　安全标识

### 想一想

如何检查车间防护设备的绝缘性？

## 任务计划与决策

### 一、维修工位布置前期准备内容

（1）检查维修车间是否符合要求；
（2）确认维修工位布置要求；
（3）检查车间安全防护设备是否齐全。

### 二、布置新能源汽车维修工位

| 序号 | 步骤 |
|---|---|
| 1 | |
| 2 | |
| 3 | |
| 4 | |
| 5 | |
| 6 | |
| 7 | |
| 8 | |

续上表

| 序号 | 步骤 |
|---|---|
| 9 | |
| 10 | |

## 🎯 任务实施

### 一、车间安全防护设备清单

| 序号 | 名称 | 规格型号 | 数量 | 教师评判 |
|---|---|---|---|---|
| | | | | |
| | | | | |
| | | | | |
| | | | | |
| | | | | |

教师确认：

### 二、操作步骤

| 步骤序号 | 实施步骤 | 实施记录 | | | 教师审阅 |
|---|---|---|---|---|---|
| 1 | 检查维修工位上的高压安全防护用具 | 设置隔离带 | | □是 □否 | |
| | | 设置安全警示牌 | | □是 □否 | |
| | | 放置绝缘胶垫 | | □是 □否 | |
| | | 灭火器 | 设置灭火器 | □是 □否 | |
| | | | 灭火器压力值是否正常 | □是 □否 | |
| | | | 灭火器是否在维修日期内 | □是 □否 | |
| | | 绝缘安全帽 | 外观检查 | □良好 □破损 | |
| | | 护目镜 | 外观检查 | □良好 □破损 | |
| | | 高压绝缘手套 | 外观检查 | □良好 □破损 | |
| | | | 最高使用电压（V） | | |
| | | | 气密性检查 | □良好 □漏气 | |
| | | 绝缘鞋 | 外观检查 | □良好 □破损 | |
| | | 防静电服 | | | |

续上表

| 步骤序号 | 实施步骤 | 实施记录 | | 教师审阅 |
|---|---|---|---|---|
| 2 | 工位布置 | 请画出工位布置简图 | | |
| 3 | 作业场地恢复 | 车间防护设备恢复 | □是 □否 | |
| | | 清洁、整理场地 | □是 □否 | |

## 任务实施工单

**维修车间安全防护措施任务实施工单**

| 维修车间安全防护措施任务实施工单　实习日期： ||||
|---|---|---|---|
| 姓名： | 班级： | 学号： | 导师签名： |
| 自评:□熟练　□不熟练 | 互评:□熟练　□不熟练 | 师评:□合格　□不合格 | |
| 日期： | 日期： | 日期： | |

【评分细则】

| 序号 | 评分项 | 得分条件 | 分值（分） | 评分要求 | 自评 | 互评 | 师评 |
|---|---|---|---|---|---|---|---|
| 1 | 安全/7S/态度 | □能进行工位7S操作<br>□能进行设备和工具安全检查<br>□能进行工具清洁、校准、存放操作<br>□能进行三不落地操作 | 15 | 未完成1项扣3分,扣分不得超过15分 | □熟练<br>□不熟练 | □熟练<br>□不熟练 | □合格<br>□不合格 |
| 2 | 作业准备 | □能够对操作环境进行通风<br>□能够身着工装、绝缘鞋<br>□不佩戴尖锐首饰 | 10 | 未完成1项扣3分,扣分不得超过10分 | □熟练<br>□不熟练 | □熟练<br>□不熟练 | □合格<br>□不合格 |
| 3 | 正确选择车间防护设备 | □能正确选择车间防护设备<br>□能够正确对防护设备进行检查<br>□简单描述防护设备情况 | 10 | 未完成1项扣4分,扣分不得超过10分 | □熟练<br>□不熟练 | □熟练<br>□不熟练 | □合格<br>□不合格 |

续上表

| 序号 | 评分项 | 得分条件 | 分值（分） | 评分要求 | 自评 | 互评 | 师评 |
|---|---|---|---|---|---|---|---|
| 4 | 维修工位布置 | □能正确确定现场是否符合要求<br>□能够合理规划工位<br>□能够正确铺设绝缘胶垫<br>□能够正确摆放灭火器<br>□能够正确摆放隔离带<br>□能够正确摆放警示牌<br>□能够正确摆放防静电工作台<br>□工位布置动线合理 | 50 | 未完成1项扣8分，扣分不得超过50分 | □熟练<br>□不熟练 | □熟练<br>□不熟练 | □合格<br>□不合格 |
| 5 | 作业场地恢复 | □能将防护设备归位<br>□能够清洁场地 | 10 | 未完成1项扣5分，扣分不得超过10分 | □熟练<br>□不熟练 | □熟练<br>□不熟练 | □合格<br>□不合格 |
| 6 | 表单填写报告的撰写能力 | □字迹清晰<br>□语句通顺<br>□无错别字<br>□无涂改<br>□无抄袭 | 5 | 未完成1项扣1分，扣分不得超过5分 | □熟练<br>□不熟练 | □熟练<br>□不熟练 | □合格<br>□不合格 |
| 总分： | | | | | | | |

## 课后巩固提升

1. 简述新能源汽车维修车间要求。

2. 简述新能源汽车维修车间防护设备类型。

## 项目测评

### 一、填空题

1. 采用颜色表示绝缘手套电压等级时，0级—_____、1级—_____、2级—_____、3级—_____、4级—_____。

2. 在新能源汽车举升工位下工作时,维修人员必须佩戴_____。
3. 常见的个人安全防护用具包括_____、_____、_____、_____和_____。
4. 新能源汽车维修工位需要设置_____、_____和_____、_____。
5. 当新能源汽车发生大面积火灾时,最有效的灭火方式是_____。

## 二、简答题

1. 新能源汽车维修工位的布置应满足哪些要求。

2. 简述绝缘手套的防护作用。

3. 简述安全防护用具的检查方法。

# 项目六 安全操作要求及规范

## 任务一 新能源汽车高压区域操作基本要求

###  任务导入

根据最近发布的数据,全球新能源汽车市场一直呈现着迅猛增长的趋势,特别是纯电动汽车和混合动力电动汽车的销售份额不断扩大,这趋势凸显了新能源汽车的维护和运营的关键性。在新能源汽车中,高压区域成为了其中一个不可或缺的部分。本课程的重点将集中在如何安全地操作和维护这些高压部分,以防止安全事故的发生。

### 任务目标

▶ **知识目标**
1. 能够描述新能源汽车维修流程图;
2. 能够描述新能源汽车典型的维修操作标准流程。

▶ **技能目标**
能够解读并根据高压维修操作标准流程操作。

▶ **素质目标**
1. 培养良好的职业道德和工匠精神;
2. 培养安全意识和团队协作精神;
3. 培养自我管理和自主学习能力。

### 任务学时

建议学时:4 学时

### 任务准备

学习新能源汽车高压区域操作基本要求,需要进行课前准备,以确保能够安全、有效地参与课程。需要提前了解高压区域操作的安全规程和紧急处理措施,了解高压蓄电池操作和维护所需的工具和设备,了解不同新能源汽车型号的高压系统特点,以更好地理解课程内容。

**思想启迪**:你知道新能源汽车维修需要遵守哪些操作标准流程吗?

## 一、新能源汽车维修流程及说明

新能源汽车维修操作并不一定都涉及高压。图 6-1 所示为根据新能源汽车常规维护与检修(不涉及高压电,由维护技师操作)、高压系统维修(运行时有高压电,由维修技师操作)和动力蓄电池系统(一直有高压电,由高级维修技师操作)三个级别制订的操作流程,供实际作业参考。

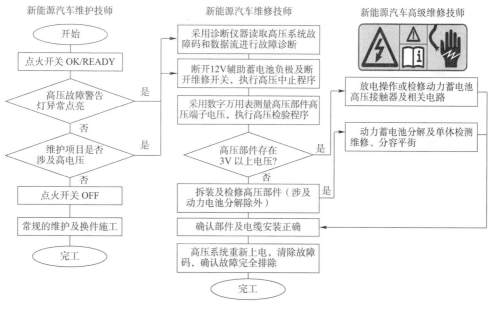

图 6-1 新能源汽车维修流程

### 1. 常规维护与检修操作

进行新能源汽车常规的维护与检修操作时,如制动系统维护与检修,由于不涉及高电压,只需要常规的安全防护(普通劳动保护)即可,不需要特殊的高压安全防护。但是,操作前必须先检查高压系统是否正常,流程说明如下:

(1)打开点火开关至 ON 位置,观察组合仪表的绿色 OK/READY 指示灯以及高压系统相关的警告灯是否点亮。

图 6-2 所示为纯电动汽车组合仪表,图中绿色 READY(有些车型为 OK)点亮说明系统正常,红色动力系统相关的故障警告灯点亮说明高压系统存在故障。

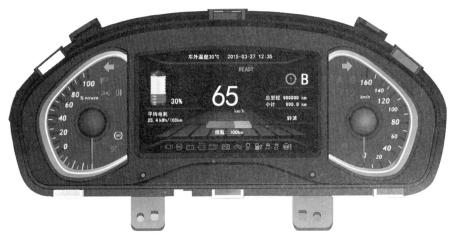

图 6-2　纯电动汽车组合仪表

(2)如果只有绿色 OK/READY 指示灯点亮,本次操作也不涉及高压部件,则根据传统车型的操作方法执行。

(3)如果高压系统相关的指示灯点亮,或者本次操作需要更换高压部件,则根据"高压系统维修"执行。

2. 高压系统维修

如果组合仪表红色动力系统相关的故障警告灯点亮说明高压系统存在故障,必须使用故障诊断仪器进行故障码和数据流诊断。

如果维修中需要拆装涉及高压的部件,如驱动电机控制器、DC/DC 变换器、高压控制盒等部件时,必须执行高压下电与检验程序。

3. 动力蓄电池系统维修

如果维修中需要分解动力蓄电池,或检修高压接触器及相关电路,由于一直存在高电压,必须由经过专业培训并且具有操作资质证书的维修技术人员进行。

**想一想**

新能源汽车高压系统维修作业有哪些注意事项?

## 二、新能源汽车高压维修作业安全防护规定

涉及新能源汽车高压系统维修作业时必须遵守以下安全防护规定。

1. 使用个人防护装备

(1) 应向维修人员提供合适的个人安全防护装备,以便在涉及高压系统的工作场所作业。

(2) 所提供的个人安全防护装备必须符合安全标准。

2. 高压维修遵循的五条安全规定

(1) 断开高压电路;

(2) 防止重新接通高压电路;

(3) 确定维修部件处于无电压状态;

(4) 检查是否搭铁和短路;

(5) 遮盖或阻隔相邻的带电部件。

3. 遵循维修场地的要求

为避免发生危险或造成损坏,车辆的停放位置必须干净、干燥、无油脂,且不会接触到飞溅的火星,要避免与车辆清洁和其他车辆维修工位过近。

> **想一想**
>
> 新能源汽车高压作业个人防护装备都有哪些?

## 三、充电操作标准流程

**提示:** 充电时间会受到外界温度影响。温度越低,所需要的充电时间越长。充电模式(快充和慢充)的选择,以及动力蓄电池的容量和老化程度也会影响充电时间。

充电系统分快充(直流)与慢充(交流)两种类型,对用户来说主要区别在于充电时间长短和车辆充电口的位置不同。慢充一般可使用家用交流充电,快充则由市政管理部门指定的公司运营。使用车载充电枪(器)进行慢充充电操作的流程如下:

充电标准流程

(1) 充电时,先关闭车辆点火开关,并拔出钥匙。

(2) 选择220V/16A交流电源,有可靠接地的三孔插座(火线、零线、地线)。

(3) 找到车辆充电口位置和开启开关,开启充电口,如图6-3所示。

(4) 从行李舱的随车工具箱中取出充电枪,并连接到慢充充电口上,如图6-4所示,慢充口(7针)和快充口(9针)端子规格不同,并且与充电枪对应,不必担心插错充电口。

(5) 将充电枪的充电插头端接入家用电源插头(220V/16A)。

(6) 当电源连接完成后,仪表上红色充电连接指示灯会点亮,有的车型仪表显示屏则显示充电相关的文字信息,如图6-5所示。

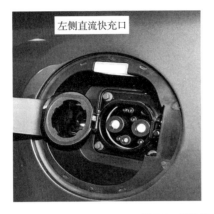

图6-3 找到并开启车辆充电口

图6-4 连接充电枪与充电口

图6-5 充电连接指示灯及信息

(7) 在充电过程中,仪表会显示充电的进度(充电比例及剩余时间)。
(8) 充电完成时,先拔出充电电源插头,再断开充电枪与车辆充电口的连接。
(9) 将充电口盖合上盖好。
(10) 将充电枪放回行李舱,充电完成。

> **想一想**
>
> 使用车载充电枪(机)进行慢充充电操作应注意哪些?

## 四、高压驱动系统维修

1. 高压系统维修注意事项

(1)操作前注意事项。高压系统中有交流和直流两种高压电,为了避免人身伤害,禁止触碰高压导线及其插接器(图6-6);禁止非专业维修人员随意接触、拆解或安装高压系统中的任何部件;禁止未经培训的人员接触或操作动力蓄电池上的手动维修开关。

图6-6 禁止触碰高压导线

(2)高压插接器端子处理注意事项。拆下高压导线插接器时,应采用绝缘胶带包裹高压插接器和端子,确保其绝缘,如图6-7所示。

图6-7 包裹高压导线端子

(3)高压导线插接器安装螺母紧固注意事项。安装高压导线插接器时,必须按规定力矩紧固。为了避免高压导线安装不可靠,汽车生产厂家规定不能使用旧的,特别是已经损坏的螺母安装高压导线插接器,否则无法保证规定的安装力矩,如图6-8所示。

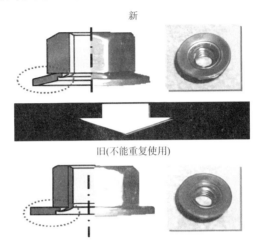

图6-8　不能重复使用旧的高压导线插接器螺母

（4）拆卸冷却液软管和其他相关维修操作时注意事项。在拆卸冷却液软管和其他相关维修操作时,如果高压部件被冷却液等异物污染时,应彻底清洁,如图6-9所示。

图6-9　清洁被冷却液污染的高压部件

（5）维修完成起动车辆前注意事项。高压系统维修后,在重新安装手动维修开关前,应再次检查高压部件的插接器连接是否正确并稳固安装,车内没有遗留工具和零件,如图6-10所示。

图6-10　维修后检查

起动车辆前,应确保手动维修开关(服务插销)已经正确安装,否则起动时可能导致车辆发生故障,如图 6-11 所示。

a) 开关断开状态

b) 开关闭合状态

图 6-11　起动车辆前确保维修开关正确安装

2. 发生事故时注意事项

(1) 如果发生火灾,应立刻离开车辆并用干粉灭火器及其他符合要求的灭火设备灭火,或用大量的水灭火。

(2) 如果车辆发生严重碰撞,不允许再次起动车辆,并且在施救时先将手动维修开关断开。

(3) 当车辆全部或部分浸没在水中时,关闭车辆并及时逃离。

(4) 如果车上电线裸露或破损,禁止触碰任何电线,以防触电。

### 想一想

总结新能源汽车维护与检修有哪些操作标准流程。

### 拓展知识

对于包括新能源汽车在内的所有车辆,能够安全、可靠地行驶以及良好性能的发挥,一定程度上取决于对车辆正确的维护。

1. 车辆维护周期

一般情况下,新车首次维护 3000km 或 3 个月,以后每隔 5000km 或 6 个月维护。维护里程和时间以先到为准。

2. 更换制动液

不管车辆行驶多少里程,每两年应当更换一次制动液。制动液的型号规格要求与传统燃油汽车一致,请参照制动液盖上的信息或用户手册。

3. 更换冷却液

每 3 年或 8 万 km 应更换一次冷却液。冷却液应采用厂家要求的预混合去离子水,避免泄漏时影响车辆绝缘性能。

**4. 蓄电池维护(低压12V)**

(1) 不要在车辆熄火的状态下,长时间使用车载电器,否则可能造成蓄电池严重亏电,导致车辆无法起动。

(2) 车辆长时间停放时,会导致蓄电池放电,因此建议断开蓄电池负极电缆。连接或断开车辆蓄电池负极电缆之前,确保点火开关已关闭。

(3) 需要更换蓄电池时,仅限安装与原蓄电池同样类型和规格的蓄电池。更换后的蓄电池,不可随意丢弃,对环境有害,须由专业机构回收处理。

## 任务计划与决策

### 一、高压系统维修操作注意事项汇报展示前期准备内容

(1) 高压维修操作标准流程的解读;
(2) 遵守高压维修操作标准流程。

### 二、高压系统维修操作注意事项汇报展示的基本操作流程

| 序号 | 步骤 |
| --- | --- |
| 1 | |
| 2 | |
| 3 | |
| 4 | |
| 5 | |
| 6 | |
| 7 | |
| 8 | |
| 9 | |
| 10 | |

## 任务实施

### 一、仪表、工具及设备清单

| 序号 | 名称 | 规格型号 | 数量 | 教师评判 |
| --- | --- | --- | --- | --- |
| | | | | |
| | | | | |
| | | | | |
| | | | | |
| | | | | |

教师确认:

## 二、操作步骤

| 步骤序号 | 实施步骤 | 实施记录 | | 教师审阅 |
|---|---|---|---|---|
| 1 | 讨论新能源汽车高压系统维修操作的注意事项 | 新能源汽车高压系统维修操作的注意事项有哪些？<br>（1）<br><br>（2）<br><br>（3） | | |
| 2 | 作业场地恢复 | 设备恢复 | □是　□否 | |
| | | 清洁、整理场地 | □是　□否 | |

## 任务实施工单

### 新能源汽车高压系统维修任务实施工单

| 新能源汽车高压系统维修任务实施工单　实习日期： | | | |
|---|---|---|---|
| 姓名： | 班级： | 学号： | 导师签名： |
| 自评：□熟练　□不熟练 | 互评：□熟练　□不熟练 | 师评：□合格　□不合格 | |
| 日期： | 日期： | 日期： | |

【评分细则】

| 序号 | 评分项 | 得分条件 | 分值（分） | 评分要求 | 自评 | 互评 | 师评 |
|---|---|---|---|---|---|---|---|
| 1 | PPT 内容 | □文字内容较少<br>□讲述内容全面<br>□结论有理有据 | 30 | 未完成 1 项扣 3 分，扣分不得超过 15 分 | □熟练<br>□不熟练 | □熟练<br>□不熟练 | □合格<br>□不合格 |
| 2 | 汇报内容 | □思路清晰<br>□语言表达准确<br>□概念清楚<br>□论点正确 | 30 | 未完成 1 项扣 3 分，扣分不得超过 10 分 | □熟练<br>□不熟练 | □熟练<br>□不熟练 | □合格<br>□不合格 |
| 3 | 报告过程 | □准备工作充分<br>□在规定时间内完成报告 | 20 | 未完成 1 项扣 8 分，扣分不得超过 50 分 | □熟练<br>□不熟练 | □熟练<br>□不熟练 | □合格<br>□不合格 |

续上表

| 序号 | 评分项 | 得分条件 | 分值（分） | 评分要求 | 自评 | 互评 | 师评 |
| --- | --- | --- | --- | --- | --- | --- | --- |
| 4 | 表单填写报告的撰写能力 | □字迹清晰<br>□语句通顺<br>□无错别字<br>□无涂改<br>□无抄袭 | 20 | 未完成1项扣1分，扣分不得超过5分 | □熟练<br>□不熟练 | □熟练<br>□不熟练 | □合格<br>□不合格 |
| 总分： | | | | | | | |

### 课后巩固提升

新能源汽车维护与检修需要注意的事项及操作标准有哪些？你是否完全理解这些要求，打算如何遵守？

## 任务二 高压下电标准流程操作要求

### 任务导入

你的主管安排你更换一辆纯电动汽车驱动电机控制器，按照标准操作流程需要进行高压下电与检验，确认高压电已经切断再进行拆装，你能完成这个任务吗？

### 任务目标

▶ 知识目标

1. 能够描述新能源汽车高压下电与检验的方法；
2. 能够描述典型的纯电动汽车高压下电与检验的方法。

▶ 技能目标

1. 能够进行装备维修开关车型的高压下电与检验；
2. 能够进行没有装备维修开关车型的高压下电与检验。

▶ 素质目标

1. 培养良好的职业道德和工匠精神；
2. 培养安全意识和团队协作精神；
3. 培养自我管理和自主学习能力。

## 项目六 安全操作要求及规范

### 🎯 任务学时

建议学时:4学时

### 🎯 任务准备

为了更好的学习新能源汽车高压下电标准流程操作,同学们应课下了解高压蓄电池系统操作的潜在风险,强化安全意识,熟悉高压蓄电池系统的安全规程和应急措施,提前研究不同新能源汽车的高压蓄电池系统特点,以便更好地理解课程内容。

**思想启迪**:你知道如何进行新能源汽车的高压下电与检验吗?

### 🎯 任务学习

#### 一、进行高压下电与检验的前提

在维修带有高电压的新能源汽车前,务必执行高压下电与检验操作,确认动力蓄电池不再对外输出高压电,避免因意外高压触电。

新能源汽车进行以下操作时,要求进行高压下电与检验。

(1)维护或维修车辆高电压系统。

(2)进行救援或事故修复工作。

(3)其他可能接触到高电压,但不需要运行高压系统的操作。

#### 二、高压下电与检验步骤

高电压系统的下电与检测操作步骤分为以下两个部分:高电压下电,切断高电压;高电压的检验,确认操作的部件没有高电压。

1. 高压下电的程序如下:

(1)将车辆换挡杆切换到 P 挡位。

(2)确保车辆驻车制动工作可靠。

(3)关闭点火开关。对于使用一键起动按钮的车型如图 6-12 所示,把遥控钥匙拿到离车至少 5m 远的地方,再次起动车辆以确认车辆没有钥匙且无法起动,防止汽车意外被起动,等待 3min。

比亚迪秦 EV 高压下电流程

(4)断开辅助蓄电池负极端子。断开蓄电池的负极端子接地线(电缆),并用绝缘胶带固定接地线,以防止端子移动接地线回蓄电池负极桩头,如图 6-13 所示。

(5)戴上绝缘手套,拆下维修开关。找到手动维修开关并拆下。拆卸时确保戴着绝缘橡胶手套,将拆下的维修开关放在自己的口袋中或妥善存放,以防止其他人将它安装回车上,并将裸露的维修开关槽用绝缘胶带封住。

图 6-12　一键式起动按钮和遥控钥匙

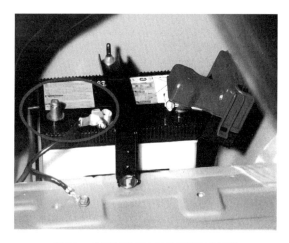

图 6-13　断开辅助蓄电池负极端子并固定

新能源汽车通常在动力蓄电池附近都会设计一个串联在输出电路上的手动维修开关,用于人工"物理性"切断整个动力蓄电池的回路。手动维修开关设计有特殊锁止机构,避免人为意外触发或者行驶中因为振动等因素断开。拆卸和安装时应遵守规定的流程和技巧,维修开关的拆卸和安装流程如图 6-14 所示。

需要特别说明的是,并不是所有新能源汽车都装备有维修开关,如果相关车型没有装备维修开关(请参照维修手册确认),除了拆卸低压蓄电池负极桩头外,还应拆卸某一高压部件的互锁开关(如需拆卸高压导线连接器,务必戴上绝缘手套)。图 6-15 所示为带低压互锁开关的高压导线插接器。

(6)等待 5~10min

高压部件通常安装有电容器,能保持一段时间的高电压。拆下维修开关后,必需要等待 5~10min 或更长时间,使得高压部件中的电容器进行放电,才可以继续对车辆进行高压检验操作。

2.高压检验步骤

高压检验的目的是利用数字万用表再次确认高压下电以后,需要维修的部件上确实不再有高电压。

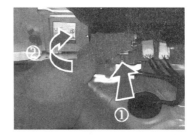
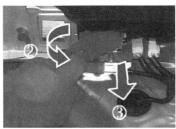

a) 拆卸　　　　　　　　　　　b) 安装

图 6-14　维修开关拆卸和安装流程

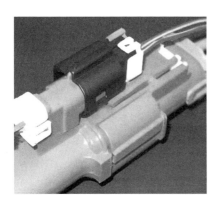

图 6-15　带低压互锁开关的高压导线插接器

**警示**：在检验高电压端子期间，必须佩戴好个人安全防护设备。

以拆卸驱动电机控制器（逆变器）为例，检验步骤如下：

（1）断开逆变器与动力蓄电池之间的高压插接器，并使用绝缘等级大于1000V的数字万用表测量插接器各个高压端子电压均为0V（量程须超过动力蓄电池额定电压），如图6-16所示。

**提示**：使用数字万用表测量高电压部件连接器的各个高压端子，在执行高压下电以后，每个端子对车身的电压至少应该小于3V，且端子正负极之间的电压也应该小于3V。

图 6-16　测量逆变器端子电压

如果任一被测量的电压超过3V,说明系统内部存在高压粘接情况,需要有经过特殊培训的工程师来进行处理。

(2)维修完成后,按拆卸相反顺序装回维修开关,并测试车辆是否正常。

### 想一想

新能源汽车高压下电的操作流程是什么?

### 拓展知识

#### 混合动力电动汽车高压下电与检验

以丰田混合动力电动汽车为例,介绍混合动力电动汽车高压下电与检验步骤。

(1)将电源开关转到OFF,并将钥匙带离车辆内部检测区域(智能进入和起动系统),确认车辆无法起动。

(2)断开辅助蓄电池的负极端子。

(3)检查绝缘手套,确认没有破裂、漏气、潮湿或其他损坏。

(4)戴上绝缘手套,拆卸手动维修开关(丰田公司称之为服务插销或维修塞),安装则按照相反步骤进行。

(5)在拆卸手动维修开关后等待10min,使高压部件内的高电压电容器放电。

(6)检查高压部件端子电压(正常为0V)。

### 任务计划与决策

#### 一、模拟新能源汽车高压下电与检验操作步骤

(1)掌握新能源汽车高压下电的操作步骤。

(2)掌握新能源汽车高压下电后的检验步骤。

#### 二、制订新能源汽车高压下电与检验操作步骤

| 序号 | 步骤 |
|---|---|
| 1 |  |
| 2 |  |
| 3 |  |
| 4 |  |

续上表

| 序号 | 步骤 |
|---|---|
| 5 | |
| 6 | |
| 7 | |
| 8 | |
| 9 | |
| 10 | |

## 任务实施

### 一、仪表、工具及设备清单

| 序号 | 名称 | 规格型号 | 数量 | 教师评判 |
|---|---|---|---|---|
| | | | | |
| | | | | |
| | | | | |
| | | | | |
| | | | | |

教师确认：

### 二、操作步骤

| 步骤序号 | 实施步骤 | 实施记录 | 教师审阅 |
|---|---|---|---|
| 1 | 新能源汽车高压下电的操作步骤 | (1)将车辆换挡杆切换到P挡位。<br><br>(2)确保车辆驻车制动工作可靠。<br><br>(3)关闭点火开关。<br><br>(4)断开辅助蓄电池负极端子。<br><br>(5)戴上绝缘手套，拆下维修开关。<br><br>(6)等待5~10min | |

续上表

| 步骤序号 | 实施步骤 | 实施记录 | | 教师审阅 |
|---|---|---|---|---|
| 2 | 新能源汽车高压下电后的检验步骤 | (1)断开逆变器与动力蓄电池之间的高压插接器,并使用绝缘等级大于1000V的数字万用表测量插接器各个高压端子电压均为0V(量程须超过动力蓄电池额定电压)。<br><br>(2)维修完成后,按拆卸相反顺序装回维修开关,并测试车辆是否正常。 | | |
| 3 | 作业场地恢复 | 设备恢复 | □是 □否 | |
| | | 清洁、整理场地 | □是 □否 | |

## 任务实施工单

**新能源汽车高压下电与检验任务实施工单**

| 新能源汽车高压下电与检验任务实施工单 实习日期: | | | |
|---|---|---|---|
| 姓名: | 班级: | 学号: | 导师签名: |
| 自评:□熟练 □不熟练 | 互评:□熟练 □不熟练 | 师评:□合格 □不合格 | |
| 日期: | 日期: | 日期: | |
| 【评分细则】 | | | | | | | |

| 序号 | 评分项 | 得分条件 | 分值(分) | 评分要求 | 自评 | 互评 | 师评 |
|---|---|---|---|---|---|---|---|
| 1 | 安全/7S/态度 | □能进行工位7S操作<br>□能进行设备和工具安全检查<br>□能进行工具清洁、校准、存放操作<br>□能进行三不落地操作 | 15 | 未完成1项扣3分,扣分不得超过15分 | □熟练<br>□不熟练 | □熟练<br>□不熟练 | □合格<br>□不合格 |
| 2 | 作业准备 | □能够对操作环境进行通风<br>□能够身着工装、绝缘鞋<br>□不佩戴尖锐首饰<br>□能正确检查万用表及其他测量仪器的外观,电量 | 10 | 未完成1项扣3分,扣分不得超过10分 | □熟练<br>□不熟练 | □熟练<br>□不熟练 | □合格<br>□不合格 |

续上表

| 序号 | 评分项 | 得分条件 | 分值（分） | 评分要求 | 自评 | 互评 | 师评 |
| --- | --- | --- | --- | --- | --- | --- | --- |
| 3 | 完成高压下电 | □能正确确定现场环境是否安全<br>□能够正确佩戴安全防护用具<br>□能够正确完成下电操作步骤 | 50 | 未完成1项扣8分，扣分不得超过50分 | □熟练<br>□不熟练 | □熟练<br>□不熟练 | □合格<br>□不合格 |
| 4 | 完成高压下电后的检验 | □能正确选用挡位<br>□能够正确连接红黑测试线<br>□能够及时对万用表进行校零<br>□检验步骤正确 | 10 | 未完成1项扣4分，扣分不得超过10分 | □熟练<br>□不熟练 | □熟练<br>□不熟练 | □合格<br>□不合格 |
| 5 | 作业场地恢复 | □能将所有设备恢复原位<br>□能够清洁场地 | 10 | 未完成1项扣5分，扣分不得超过10分 | □熟练<br>□不熟练 | □熟练<br>□不熟练 | □合格<br>□不合格 |
| 6 | 表单填写报告的撰写能力 | □字迹清晰<br>□语句通顺<br>□无错别字<br>□无涂改<br>□无抄袭 | 5 | 未完成1项扣1分，扣分不得超过5分 | □熟练<br>□不熟练 | □熟练<br>□不熟练 | □合格<br>□不合格 |
| 总分： | | | | | | | |

## 课后巩固提升

新能源汽车高压下电与检验的操作步骤有哪些？你是否完全理解这些要求，打算如何遵守？

## 任务三　新能源汽车检修人员资质要求

### 任务导入

新能源汽车售后服务包含日常维护，如更换制动摩擦片、冷却液，及动力蓄电池组充电等,高电压部件维护(如检查或更换高电压组件)、故障诊断(读取故障码和数据流,排除高电压故障)。通过本任务的学习,熟悉售后检修人员开展不同作业的资质要求。

## 任务目标

▶▶ **知识目标**

熟悉新能源汽车检修人员开展不同作业内容的资质要求。

▶▶ **技能目标**

1. 严格执行汽车检修规范,养成严谨科学的工作态度;
2. 养成总结训练结果的习惯,为下次训练积累经验。

▶▶ **素质目标**

1. 培养良好的职业道德和工匠精神;
2. 培养安全意识和团队协作精神;
3. 培养自我管理和自主学习能力。

## 任务学时

建议学时:4学时

## 任务准备

为了更好的学习新能源汽车检修人员资质要求,学生可以通过阅读相关书籍、在线资源、观看教育视频,以及参加与新能源汽车有关的工作坊和研讨会来学习相关国家政策和行业标准。此外,学生还可以联系当地的培训机构,了解关于新能源汽车技术电工培训课程的详细信息。

**思想启迪**:你知道从事新能源汽车检修需要有哪些从业证书吗?

## 任务学习

欧盟采用德国汽车工业协会(Verband Der Automobilindustrie,VDA)对高电压系统的定义,具体如下。

(1)高电压系统指25V以上,不超过1000V的交流电压系统。

(2)高电压系统的正极和负极都没有连通至车辆搭铁端或直接接地。

(3)高电压系统周围为隔离区域。

我国采用德国标准化协会(Deutsches Institute fur Normung,DIN)或德国电气工程师协会(Verband Deutscher Elektrotechniker,VDE)的技术定义,具体如下。

(1)高电压指高于1000V的电压。

(2)低电压指低于1000V的电压。

(3)12V的车载电源电压属于"微电压"。

高电压系统的安全操作措施如下。

(1)带电接触点不能暴露在外,以防触电。

(2)高电压区域实施保护措施。

(3)高电压连接断开时,自动切断高压电源。

## 一、一级资质(接受电气作业指导的人员)

只要新能源汽车的高电压系统运行正常,每位售后技术人员都可进行一般性修理工作,例如更换油液和轮胎。开始工作前必须由高电压工程师指导维修人员了解高电压系统带来的危害,维修人员必须熟悉高电压组件的标记和安全操纵车辆的方法。

一级资质人员是在接受了充分的作业指导后有足够能力从事一定高电压系统作业的人员,指导内容包括所分配的任务、不当作业时的潜在危险及必要的防护装置和安全措施。如有必要,一级资质人员还可以接受在职培训,并获得相应培训证书,如图6-17所示。一级资质人员必须书面确认相关指导说明。

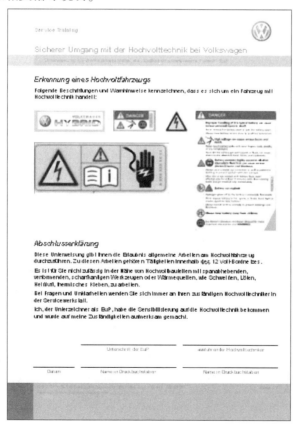

图6-17 德国大众一级资质证书

仅进行混合动力电动汽车或纯电动汽车基础培训(一级资质)的售后服务人员不具备进行高电压组件作业的资质。

### 二、二级资质(高电压工程师)

进行高电压组件作业的维修人员必须经过相应的培训认证。维修人员经过培训认证后成为新能源汽车高电压系统的电气专业人员(高电压工程师)。这些专业人员能够判断高电压系统带来的电气危害,并能够确定针对高电压系统的保护措施,能够断开车辆上的高压电源,并在工作期间保持断开状态。培训认证范围主要取决于维修人员的前期培训情况和实际经验。一方面必须通过理论和实际培训认证证明该维修人员具备工作能力和专业知识,另一方面还必须经过相关车型的具体认证。在我国,每个厂家对二级资质认证主要包括以下两方面。

(1)具备国家安监局颁发的《特种作业操作证(低压电工证)》,如图6-18所示。

 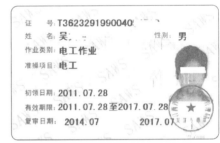

图6-18　低压电工证

(2)必须经过厂家新能源车型培训,并通过考核,如图6-19所示。

图6-19　奥迪二级资质认证(高电压工程师)

## 三、三级资质

三级资质主要指能够在带电状态下进行高电压系统作业,例如进行接触电阻故障的检测和相关零部件的维修。目前主流新能源汽车品牌在国内只授予到二级资质,即不能带高压电进行作业。

> **想一想**
>
> 新能源汽车高压下电的操作流程有哪些?

## 任务计划与决策

### 一、新能源汽车检修人员为什么要考取低压电工证汇报展示前期准备内容

(1)一级资质的获得方式和作业内容;
(2)二级资质的获得方式和作业内容;
(3)三级资质的获得方式和作业内容。

### 二、新能源汽车检修人员为什么要考取低压电工证汇报展示的基本操作流程

| 序号 | 步骤 |
|---|---|
| 1 | |
| 2 | |
| 3 | |
| 4 | |
| 5 | |
| 6 | |
| 7 | |
| 8 | |
| 9 | |
| 10 | |

## 任务实施

### 一、仪表、工具及设备清单

| 序号 | 名称 | 规格型号 | 数量 | 教师评判 |
|---|---|---|---|---|
|  |  |  |  |  |
|  |  |  |  |  |
|  |  |  |  |  |
|  |  |  |  |  |
|  |  |  |  |  |

教师确认：

### 二、操作步骤

| 步骤序号 | 实施步骤 | 实施记录 | | 教师审阅 |
|---|---|---|---|---|
| 1 | 讨论新能源汽车检修人员为什么要考取低压电工证 | 新能源汽车检修人员为什么要考取低压电工证？<br>（1）<br><br>（2）<br><br>（3） | | |
| 2 | 作业场地恢复 | 设备恢复 | □是 □否 | |
|  |  | 清洁、整理场地 | □是 □否 | |

142

## 任务实施工单

**新能源汽车检修人员资质要求任务实施工单**

| 新能源汽车检修人员资质要求任务实施工单 实习日期： | | | | |
|---|---|---|---|---|
| 姓名： | 班级： | 学号： | 导师签名： | |
| 自评：□熟练 □不熟练 | 互评：□熟练 □不熟练 | 师评：□合格 □不合格 | | |
| 日期： | 日期： | 日期： | | |

【评分细则】

| 序号 | 评分项 | 得分条件 | 分值（分） | 评分要求 | 自评 | 互评 | 师评 |
|---|---|---|---|---|---|---|---|
| 1 | PPT内容 | □文字内容较少<br>□讲述内容全面<br>□结论有理有据 | 30 | 未完成1项扣3分，扣分不得超过15分 | □熟练<br>□不熟练 | □熟练<br>□不熟练 | □合格<br>□不合格 |
| 2 | 汇报内容 | □思路清晰<br>□语言表达准确<br>□概念清楚<br>□论点正确 | 30 | 未完成1项扣3分，扣分不得超过10分 | □熟练<br>□不熟练 | □熟练<br>□不熟练 | □合格<br>□不合格 |
| 3 | 报告过程 | □准备工作充分<br>□在规定时间内完成报告 | 20 | 未完成1项扣8分，扣分不得超过50分 | □熟练<br>□不熟练 | □熟练<br>□不熟练 | □合格<br>□不合格 |
| 4 | 表单填写报告的撰写能力 | □字迹清晰<br>□语句通顺<br>□无错别字<br>□无涂改<br>□无抄袭 | 20 | 未完成1项扣1分，扣分不得超过5分 | □熟练<br>□不熟练 | □熟练<br>□不熟练 | □合格<br>□不合格 |
| 总分： | | | | | | | |

## 课后巩固提升

小李想毕业后从事新能源汽车检修工作，请为小李做一份职业生涯规划。

## 项目测评

### 一、判断题

1. 新能源汽车不涉及高电压的维修，只需要常规的操作安全防护即可。（    ）
2. 新能源汽车操作前必须先检查高压系统是否正常。（    ）
3. 新能源汽车无需进行维护。（    ）
4. 拆下维修开关时应戴上绝缘手套。（    ）
5. 手动维修开关并联在动力蓄电池输出电路上。（    ）
6. 执行高压下电后，车辆所有部件应该都不具有高电压。（    ）
7. 高压部件通常安装电容器，能保持一段时间的高电压。（    ）
8. 不允许在动力蓄电池电量低的情况下长期停放车辆。（    ）
9. 不允许使用家用交流电对新能源汽车充电。（    ）
10. 所有的新能源汽车都装有维修开关。（    ）

### 二、简答题

1. 简述新能源汽车维护与检修需要注意的事项及操作标准。

2. 简述新能源汽车高压下电的操作流程。

# 附录 特种作业人员安全技术培训考核管理规定

### 第一章 总 则

**第一条** 为了规范特种作业人员的安全技术培训考核工作,提高特种作业人员的安全技术水平,防止和减少伤亡事故,根据《安全生产法》《行政许可法》等有关法律、行政法规,制定本规定。

**第二条** 生产经营单位特种作业人员的安全技术培训、考核、发证、复审及其监督管理工作,适用本规定。

有关法律、行政法规和国务院对有关特种作业人员管理另有规定的,从其规定。

**第三条** 本规定所称特种作业,是指容易发生事故,对操作者本人、他人的安全健康及设备、设施的安全可能造成重大危害的作业。特种作业的范围由特种作业目录规定。

本规定所称特种作业人员,是指直接从事特种作业的从业人员。

**第四条** 特种作业人员应当符合下列条件:

(一)年满18周岁,且不超过国家法定退休年龄;

(二)经社区或者县级以上医疗机构体检健康合格,并无妨碍从事相应特种作业的器质性心脏病、癫痫病、美尼尔氏症、眩晕症、癔病、震颤麻痹症、精神病、痴呆症以及其他疾病和生理缺陷;

(三)具有初中及以上文化程度;

(四)具备必要的安全技术知识与技能;

(五)相应特种作业规定的其他条件。

危险化学品特种作业人员除符合前款第一项、第二项、第四项和第五项规定的条件外,应当具备高中或者相当于高中及以上文化程度。

**第五条** 特种作业人员必须经专门的安全技术培训并考核合格,取得《中华人民共和国特种作业操作证》(以下简称特种作业操作证)后,方可上岗作业。

**第六条** 特种作业人员的安全技术培训、考核、发证、复审工作实行统一监管、分级实施、教考分离的原则。

**第七条** 国家安全生产监督管理总局(以下简称安全监管总局)指导、监督全国特种作业人员的安全技术培训、考核、发证、复审工作;省、自治区、直辖市人民政府安全生产监督管理部门指导、监督本行政区域特种作业人员的安全技术培训工作,负责本行政区域特种作业人员的考核、发证、复审工作;县级以上地方人民政府安全生产监督管理部门负责监督检查本行政区域特种作业人员的安全技术培训和持证上岗工作。

国家煤矿安全监察局(以下简称煤矿安监局)指导、监督全国煤矿特种作业人员(含煤矿矿井使用的特种设备作业人员)的安全技术培训、考核、发证、复审工作;省、自治区、直辖市人民政府负责煤矿特种作业人员考核发证工作的部门或者指定的机构指导、监督本行政区域煤矿特种作业人员的安全技术培训工作、负责本行政区域煤矿特种作业人员的考核、发证、复审工作。

省、自治区、直辖市人民政府安全生产监督管理部门和负责煤矿特种作业人员考核发证工作的部门或者指定的机构(以下统称考核发证机关)可以委托设区的市人民政府安全生产监督管理部门和负责煤矿特种作业人员考核发证工作的部门或者指定的机构实施特种作业人员的考核、发证、复审工作。

**第八条** 对特种作业人员安全技术培训、考核、发证、复审工作中的违法行为,任何单位和个人均有权向安全监管总局、煤矿安监局和省、自治区、直辖市及设区的市人民政府安全生产监督管理部门、负责煤矿特种作业人员考核发证工作的部门或者指定的机构举报。

## 第二章 培 训

**第九条** 特种作业人员应当接受与其所从事的特种作业相应的安全技术理论培训和实际操作培训。

已经取得职业高中、技工学校及中专以上学历的毕业生从事与其所学专业相应的特种作业,持学历证明经考核发证机关同意,可以免予相关专业的培训。

跨省、自治区、直辖市从业的特种作业人员,可以在户籍所在地或者从业所在地参加培训。

**第十条** 对特种作业人员的安全技术培训,具备安全培训条件的生产经营单位应当以自主培训为主,也可以委托具备安全培训条件的机构进行培训。

不具备安全培训条件的生产经营单位,应当委托具备安全培训条件的机构进行培训。

生产经营单位委托其他机构进行特种作业人员安全技术培训的,保证安全技术培训的责任仍由本单位负责。

**第十一条** 从事特种作业人员安全技术培训的机构(以下统称培训机构),应当制定相应的培训计划、教学安排,并按照安全监管总局、煤矿安监局制定的特种作业人员培训大纲和煤矿特种作业人员培训大纲进行特种作业人员的安全技术培训。

## 第三章 考 核 发 证

**第十二条** 特种作业人员的考核包括考试和审核两部分。考试由考核发证机关或其委托的单位负责;审核由考核发证机关负责。

安全监管总局、煤矿安监局分别制定特种作业人员、煤矿特种作业人员的考核标准,并建立相应的考试题库。

考核发证机关或其委托的单位应当按照安全监管总局、煤矿安监局统一制定的考核标准进行考核。

第十三条　参加特种作业操作资格考试的人员,应当填写考试申请表,由申请人或者申请人的用人单位持学历证明或者培训机构出具的培训证明向申请人户籍所在地或者从业所在地的考核发证机关或其委托的单位提出申请。

考核发证机关或其委托的单位收到申请后,应当在60日内组织考试。

特种作业操作资格考试包括安全技术理论考试和实际操作考试两部分。考试不及格的,允许补考1次。经补考仍不及格的,重新参加相应的安全技术培训。

第十四条　考核发证机关委托承担特种作业操作资格考试的单位应当具备相应的场所、设施、设备等条件,建立相应的管理制度,并公布收费标准等信息。

第十五条　考核发证机关或其委托承担特种作业操作资格考试的单位,应当在考试结束后10个工作日内公布考试成绩。

第十六条　符合本规定第四条规定并经考试合格的特种作业人员,应当向其户籍所在地或者从业所在地的考核发证机关申请办理特种作业操作证,并提交身份证复印件、学历证书复印件、体检证明、考试合格证明等材料。

第十七条　收到申请的考核发证机关应当在5个工作日内完成对特种作业人员所提交申请材料的审查,作出受理或者不予受理的决定。能够当场作出受理决定的,应当当场作出受理决定;申请材料不齐全或者不符合要求的,应当当场或者在5个工作日内一次告知申请人需要补正的全部内容,逾期不告知的,视为自收到申请材料之日起即已被受理。

第十八条　对已经受理的申请,考核发证机关应当在20个工作日内完成审核工作。符合条件的,颁发特种作业操作证;不符合条件的,应当说明理由。

第十九条　特种作业操作证有效期为6年,在全国范围内有效。

特种作业操作证由安全监管总局统一式样、标准及编号。

第二十条　特种作业操作证遗失的,应当向原考核发证机关提出书面申请,经原考核发证机关审查同意后,予以补发。

特种作业操作证所记载的信息发生变化或者损毁的,应当向原考核发证机关提出书面申请,经原考核发证机关审查确认后,予以更换或者更新。

## 第四章　复　　审

第二十一条　特种作业操作证每3年复审1次。

特种作业人员在特种作业操作证有效期内,连续从事本工种10年以上,严格遵守有关安全生产法律法规的,经原考核发证机关或者从业所在地考核发证机关同意,特种作业操作证的复审时间可以延长至每6年1次。

第二十二条　特种作业操作证需要复审的,应当在期满前60日内,由申请人或者申请人的用人单位向原考核发证机关或者从业所在地考核发证机关提出申请,并提交下列材料:

(一)社区或者县级以上医疗机构出具的健康证明;

(二)从事特种作业的情况;

(三)安全培训考试合格记录。

特种作业操作证有效期届满需要延期换证的,应当按照前款的规定申请延期复审。

**第二十三条** 特种作业操作证申请复审或者延期复审前,特种作业人员应当参加必要的安全培训并考试合格。

安全培训时间不少于 8 个学时,主要培训法律、法规、标准、事故案例和有关新工艺、新技术、新装备等知识。

**第二十四条** 申请复审的,考核发证机关应当在收到申请之日起 20 个工作日内完成复审工作。复审合格的,由考核发证机关签章、登记,予以确认;不合格的,说明理由。

申请延期复审的,经复审合格后,由考核发证机关重新颁发特种作业操作证。

**第二十五条** 特种作业人员有下列情形之一的,复审或者延期复审不予通过:

(一)健康体检不合格的;

(二)违章操作造成严重后果或者有 2 次以上违章行为,并经查证确实的;

(三)有安全生产违法行为,并给予行政处罚的;

(四)拒绝、阻碍安全生产监管监察部门监督检查的;

(五)未按规定参加安全培训,或者考试不合格的;

(六)具有本规定第三十条、第三十一条规定情形的。

**第二十六条** 特种作业操作证复审或者延期复审符合本规定第二十五条第二项、第三项、第四项、第五项情形的,按照本规定经重新安全培训考试合格后,再办理复审或者延期复审手续。

再复审、延期复审仍不合格,或者未按期复审的,特种作业操作证失效。

**第二十七条** 申请人对复审或者延期复审有异议的,可以依法申请行政复议或者提起行政诉讼。

## 第五章 监督管理

**第二十八条** 考核发证机关或其委托的单位及其工作人员应当忠于职守、坚持原则、廉洁自律,按照法律、法规、规章的规定进行特种作业人员的考核、发证、复审工作,接受社会的监督。

**第二十九条** 考核发证机关应当加强对特种作业人员的监督检查,发现其具有本规定第三十条规定情形的,及时撤销特种作业操作证;对依法应当给予行政处罚的安全生产违法行为,按照有关规定依法对生产经营单位及其特种作业人员实施行政处罚。

考核发证机关应当建立特种作业人员管理信息系统,方便用人单位和社会公众查询;对于注销特种作业操作证的特种作业人员,应当及时向社会公告。

**第三十条** 有下列情形之一的,考核发证机关应当撤销特种作业操作证:

(一)超过特种作业操作证有效期未延期复审的;

(二)特种作业人员的身体条件已不适合继续从事特种作业的;

(三)对发生生产安全事故负有责任的;

(四)特种作业操作证记载虚假信息的;

(五)以欺骗、贿赂等不正当手段取得特种作业操作证的。

特种作业人员违反前款第四项、第五项规定的,3 年内不得再次申请特种作业操作证。

**第三十一条** 有下列情形之一的,考核发证机关应当注销特种作业操作证:

（一）特种作业人员死亡的；
（二）特种作业人员提出注销申请的；
（三）特种作业操作证被依法撤销的。

**第三十二条** 离开特种作业岗位6个月以上的特种作业人员，应当重新进行实际操作考试，经确认合格后方可上岗作业。

**第三十三条** 省、自治区、直辖市人民政府安全生产监督管理部门和负责煤矿特种作业人员考核发证工作的部门或者指定的机构应当每年分别向安全监管总局、煤矿安监局报告特种作业人员的考核发证情况。

**第三十四条** 生产经营单位应当加强对本单位特种作业人员的管理，建立健全特种作业人员培训、复审档案，做好申报、培训、考核、复审的组织工作和日常的检查工作。

**第三十五条** 特种作业人员在劳动合同期满后变动工作单位的，原工作单位不得以任何理由扣押其特种作业操作证。

跨省、自治区、直辖市从业的特种作业人员应当接受从业所在地考核发证机关的监督管理。

**第三十六条** 生产经营单位不得印制、伪造、倒卖特种作业操作证，或者使用非法印制、伪造、倒卖的特种作业操作证。

特种作业人员不得伪造、涂改、转借、转让、冒用特种作业操作证或者使用伪造的特种作业操作证。

## 第六章 罚 则

**第三十七条** 考核发证机关或其委托的单位及其工作人员在特种作业人员考核、发证和复审工作中滥用职权、玩忽职守、徇私舞弊的，依法给予行政处分；构成犯罪的，依法追究刑事责任。

**第三十八条** 生产经营单位未建立健全特种作业人员档案的，给予警告，并处1万元以下的罚款。

**第三十九条** 生产经营单位使用未取得特种作业操作证的特种作业人员上岗作业的，责令限期改正，可以处5万元以下的罚款；逾期未改正的，责令停产停业整顿，并处5万元以上10万元以下的罚款，对直接负责的主管人员和其他直接责任人员处1万元以上2万元以下的罚款。

煤矿企业使用未取得特种作业操作证的特种作业人员上岗作业的，依照《国务院关于预防煤矿生产安全事故的特别规定》的规定处罚。

**第四十条** 生产经营单位非法印制、伪造、倒卖特种作业操作证，或者使用非法印制、伪造、倒卖的特种作业操作证的，给予警告，并处1万元以上3万元以下的罚款；构成犯罪的，依法追究刑事责任。

**第四十一条** 特种作业人员伪造、涂改特种作业操作证或者使用伪造的特种作业操作证的，给予警告，并处1000元以上5000元以下的罚款。

特种作业人员转借、转让、冒用特种作业操作证的，给予警告，并处2000元以上10000元以下的罚款。

## 第七章 附 则

**第四十二条** 特种作业人员培训、考试的收费标准,由省、自治区、直辖市人民政府安全生产监督管理部门会同负责煤矿特种作业人员考核发证工作的部门或者指定的机构统一制定,报同级人民政府物价、财政部门批准后执行,证书工本费由考核发证机关列入同级财政预算。

**第四十三条** 省、自治区、直辖市人民政府安全生产监督管理部门和负责煤矿特种作业人员考核发证工作的部门或者指定的机构可以结合本地区实际,制定实施细则,报安全监管总局、煤矿安监局备案。

**第四十四条** 本规定自2010年7月1日起施行。1999年7月12日原国家经贸委发布的《特种作业人员安全技术培训考核管理办法》(原国家经贸委令第13号)同时废止。

# 参考文献

[1] 吴荣辉,金朝昆.新能源汽车高压安全与防护[M].北京:机械工业出版社,2021.
[2] 李治国,梁洪波.新能源汽车高压安全与防护[M].2版.北京:人民交通出版社股份有限公司,2022.
[3] 张杨.新能源汽车高压防护与安全操作[M].北京:机械工业出版社,2022.
[4] 孙建俊,谭逸萍.新能源汽车高压安全防护与应急处理[M].北京:机械工业出版社,2022.
[5] 代世勋,唐琳琳.新能源汽车高压安全与防护[M].北京:北京邮电大学出版社,2020.
[6] 黄经元,于晨斯.新能源汽车高压安全与防护[M].上海:华东师范大学出版社,2021.
[7] 曹爱红.汽车电工电子技术[M].西安:西北工业大学出版社,2022.
[8] 袁红军,华奇.新能源汽车概论(配套活页实训工单)[M].北京:人民邮电出版社,2022.
[9] 袁红军,华奇.纯电动汽车结构原理与故障诊断(微课版)[M].北京:人民邮电出版社,2022.
[10] 黄文进,尹爱华.新能源汽车电学基础与高压安全[M].北京:机械工业出版社,2023.